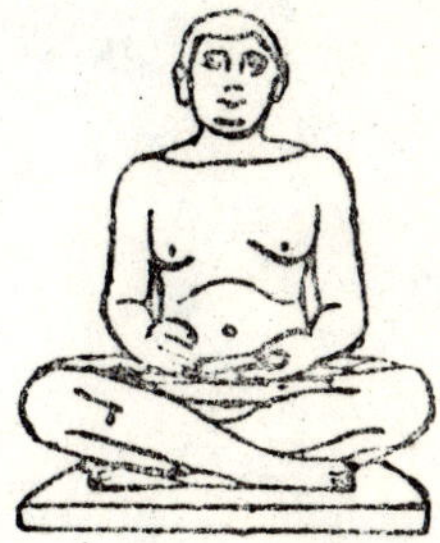

पिछला बाक़ी

पिछला बाक़ी

अब तक असंकलित कुछ रचनाओं सहित **पहचान** 1, 1 तथा
खुद अपनी आँख से की सारी कविताएँ

विष्णु खरे

समीक्षा
रघुवीर सहाय

राधाकृष्ण प्रकाशन

मुखपृष्ठ : अजय विश्वास

लिपिकार : प्राचीन मिस्र के चौथे राजवंश (लगभग 2500 ई. पू.) के समय निर्मित मूर्ति जो अपनी निर्भीक मुद्रा तथा सत्य की गहराइयों तक पहुँचनेवाली दृष्टि के लिए विख्यात है। सक्कारा से प्राप्त, संप्रति मैंज़ेल संग्रह, ब्रिटिश म्यूज़ियम, लंदन में।

ISBN : 978-81-7119-419-3

पिछला बाक़ी (कविताएँ)

पहला संस्करण : 1998

दूसरा संस्करण : 2018

मूल्य : ₹ 250

प्रकाशक

राधाकृष्ण प्रकाशन प्राइवेट लिमिटेड

जी-17, जगतपुरी, दिल्ली-110 051

शाखाएँ : अशोक राजपथ, साइंस कॉलेज के सामने, पटना-800 006

पहली मंजिल, दरबारी बिल्डिंग, महात्मा गांधी मार्ग, इलाहाबाद-211 001

36 ए, शेक्सपियर सरणी, कोलकाता-700 017

वेबसाइट : www.radhakrishnaprakashan.com

ई-मेल : info@radhakrishnaprakashan.com

मुद्रक

बी.के. ऑफसेट

नवीन शाहदरा, दिल्ली-110 032

PICHHLA BAQI

Poems by Vishnu Khare

सदी के इन अंतिम दो दशकों में
उभरकर आनेवाले कवि-कवयित्रियों को
जो अगली सदी में हिंदी कविता को
और समृद्धि देंगे यह तय है

क़ैफ़ियत

जैसाकि शीर्षक के नीचे स्पष्ट किया जा चुका है, इस संकलन में मेरी वे सारी कविताएँ सम्मिलित हैं जो अशोक वाजपेयी द्वारा संपादित-प्रकाशित काव्य-पुस्तिका शृंखला 'पहचान' (1,1) में तथा मेरे पहले बाक़ायदा संग्रह 'खुद अपनी आँख से' में प्रकाशित हो चुकी हैं। कुछ मेरे मुद्रित किंतु अप्रकाशित सबसे पहले संग्रह 'एक ग़ैर-रूमानी समय में' से ली गई हैं और कुछ नितांत असंकलित थीं। इस तरह 'पिछला बाक़ी' में वे सारी कविताएँ आ गई हैं जिन्हें मैं प्रकाशित रूप में बचाना चाहता था--सिर्फ़ 'सारथी' (नागपुर) में 1956-57 में प्रकाशित एक अपेक्षाकृत लंबी कविता मुझे नहीं मिल पाई जिसे यहाँ देने की मेरी उत्कट इच्छा थी। उसकी न कोई प्रति मेरे पास है और न स्मृति—मैं ख़ुद अब उसे पढ़ना चाहता हूँ।

'यह परदा' 'वसुधा' (जबलपुर) में मार्च, 1958 में, 'नये खेल' 'कृति' (दिल्ली) में फरवरी 1960 में, 'पुनरवतरण' 'माध्यम' (इलाहाबाद) में जनवरी, 1966 में तथा 'अंधी घाटी' दो किंचित् अलग-अलग मसव्विदों में क्रमशः 'आजकल' (दिल्ली) तथा 'नई कविता' (इलाहाबाद) में 1964-66 के बीच प्रकाशित हुई थीं। संपादकों-प्रकाशकों का आभारी हूँ।

(दिवंगत) रघुवीर सहाय ने 'खुद अपनी आँख से' की एक समीक्षा 'र.स.' हस्ताक्षर से 'दिनमान' में की थी। मुक्तिबोध के बाद की पीढ़ी के इस सर्वाधिक प्रासंगिक कवि की यह समीक्षा मुझे हमेशा बल देती रही है। उसे यहाँ कविपत्नी श्रीमती विमलेश्वरी सहाय की अनुमति से साभार प्रकाशित किया जा रहा है।

—विष्णु खरे

अनुक्रम

आधुनिक युग के ख़िलाफ़

विष्णु खरे की चुनी हुई 38 कविताओं का एक व्यक्तित्व है जो दो दशकों की कविता कोशिश में से छनकर आया हुआ है और उसके सबसे अच्छे तत्त्वों को एक जगह दर्शाता है। उपकरणों को अलग-अलग करके देखें तो उनकी रचनाएँ प्रायः वह सभी कुछ लिए हुए हैं जो इस दौर में नए-पुराने सभी कवियों ने कभी न कभी किया है। किंतु यह कविता को देखने का सही तरीक़ा नहीं है। पिछले दो दशकों में अनेक कवियों ने प्रायः एक-सी ही कोशिशें की हैं, भले ही कुछ ने अपनी अलग राजनैतिक पहचान बनानी चाही हो (बल्कि शायद इसीलिए बनानी चाही हो कि उनकी कविता की कोशिश में कुछ नया न था) तो भी कविता कई लोगों की सामूहिक कोशिश का नतीजा नहीं हो सकती। वह हमेशा एक व्यक्ति की ऐसी बेचैनियों का निचोड़ होगी जो कई दिशाओं से आकर उस कवि के अपने अम्ल और क्षार के साथ उसके अंदर एक रसायन बन गई हों। आधुनिक कवि की रचना की प्रतीति करते हुए आज का पाठक सिर्फ नएपन से प्रसन्न हो जाए तो उसकी प्रतीति बेबुनियाद होगी और रचना बेमज़ा हो जाएगी। कविता का मज़ा आज यह पहचानने में है कि कवि किस हद तक एक संपूर्ण, शांत और शक्तिवान व्यक्तित्व बन सका है। इस सिलसिले में हम उसके ऐसा बनने के तरीकों की जाँच भी करेंगे। लेकिन वे तरीके कहाँ तक दूसरों के ऐसे ही दीखनेवाले अधूरे तरीकों से भिन्न हैं, यह तो हम तभी जाँच पाएँगे जब हम देख पाएँगे कि उसकी कविता के अंदर एक ठंडा सुनसान दर्पण, जो कि वास्तव में एक गहरा कुआँ है, हमें मिला है या नहीं।

विष्णु खरे की **दोस्त** शीर्षक कविता को लें। अगर हम इसे इतनी जल्दी में पढ़ जाएँ जितनी जल्दी में यह लिखी हुई लगती है (सिर्फ़ लगती है) तो हम इसे सिर्फ़ एक वर्णन समझने की गलती कर बैठेंगे। भाषा के क्षय से पीड़ित आधुनिक संसार को भाषा के माध्यम से पहचानने के प्रयत्न यदि हम पहले भी कर चुके हों तो हम इस कविता को जल्दी में नहीं पढ़ेंगे। जिस तेज़ी से इसकी पंक्तियाँ दौड़ती हैं वह अपने में इशारा है कि इन्हें धीरे-धीरे पढ़ना होगा। तो हम धीरे-धीरे देखते

हैं कि एक लापरवाह अंदाज़ में बहुत मामूली किस्म की विशेषताओं का जिक्र करते हुए कवि ने एक नौजवान की नहीं और एक पुलिस सब-इंस्पैक्टर की भी नहीं बल्कि एक नौजवान पुलिस-सब-इंस्पैक्टर की तस्वीर कुछ इस तरह खींची है कि तस्वीर का नाकनक्शा नहीं बल्कि वक्त उसमें जो परिवर्तन करता है, वही तस्वीर की असल पहचान बन गया है। दरअसल वही कविता है। यह सफलता कविता को किस तरह मिली है ? शायद उसने अपने अंदर एक अनुभूति को बाहर से दीखनेवाली तमाम चीज़ों के ज़रिए पहचानने का संस्कार पैदा किया है जो कि एक आधुनिक संस्कार है (संग्रह का शीर्षक **खुद अपनी आँख से** इस मायने में सार्थक हो उठता है)। इसीलिए हम देखते हैं कि एक नौजवान आदमी के आज के वर्णन से उसकी ज़िंदगी के एक दौर का परिचय देकर जब दो-तीन वर्ष के बाद की उस ज़िंदगी के एक दौर का परिचय हमें कवि देता है तो वह एक कहानी कहने की साधारण कोशिश नहीं कर रहा है। वह कहानी नहीं है, एक कविता है जो ज़िंदगी के इन दो दौरों के बीच जो कुछ हुआ है, उसकी कहानी कहती है और उस घटना के लिए कोई शब्द इस्तेमाल नहीं करती। जितने शब्द इस्तेमाल करती है सब वस्तुओं की संज्ञाएँ यानी साधारण कहानी कहने के ही शब्द हैं किंतु अनुभूति ने उन सबको इस सिलसिले में बाँधा है कि वे एक कविता ही बनाते हैं, कहानी नहीं।

कहानी में कविता कहना विष्णु खरे की सबसे बड़ी शक्ति है। इस संग्रह में उनके रचना-संसार की विविधता का पता हमें उनकी विविध शक्तियों के रूप में नहीं बल्कि इसी एक शक्ति के द्वारा उनकी अनुभूति के विविध प्रयत्नों के रूप में मिलता है। **टेबिल** एक साथ कई ज़िंदगियों को एक जगह पकाकर एक गहरी करुणा की कविता बनाती है। इसमें तथा अन्य कई कविताओं में कवि अपनी शिल्पशैली को दोहराता हुआ-सा लगता है। लेकिन यह भी एक फ़रेब है। हम इन कविताओं के दृश्यों को एक संपादित फ़िल्म की तरह से देखते हैं। और अगर हमें आज के शिल्प-जगत से परिचय है तो हम उस निःशब्द फिल्म के पीछे एक संगीत भी कल्पना में सुन सकते हैं। वास्तव में यह संगीत कविता की भाषा की झनकार से पैदा नहीं होता। विष्णु खरे की भाषा तो हमें किसी रोमांटिक, रहस्यमय, गद्गद् संसार में जाने से ठोकर मारकर बार-बार रोकती है। ऐसे ठोकर मारने वाले निहायत किताबी और साधारणतया व्यंग्यजनक शब्द विष्णु खरे के यहाँ एक मोर्चे का हिस्सा हैं जो कि कविता के पास अनमने भाव से जानेवाले पाठक के ख़िलाफ़ लंबे ब्यौरेवार वर्णनों, साधारण नीरस घटनाओं और ध्यान बँटाने वाली टिप्पणियों की मदद से जान-बूझकर बाँधा गया है।

कहना न होगा कि इन 38 कविताओं में सभी एक जैसी सफल लड़ाइयाँ

नहीं हैं। कुछ बहुत बड़ी पराजय हैं जिन्हें शायद कवि भी पहचानता होगा और कुछ ऐसी असफलताएँ हैं जो शायद कवि को मालूम नहीं। ये दोनों स्थितियाँ कविता लिखने के जोख़िमों में शामिल हैं और यदि ये पाठक के सामने आती हैं तो कवि की तमाम खूबियों को समझने का मज़ा और भी बढ़ जाता है।

कोशिश शीर्षक एक बहुत अच्छी कविता में भी, जिसमें आदमियों और आदमियों की चीज़ों के संपर्क में आई हुई चिड़ियों की मृत्यु का कविता का विषय न होना कविता को एक बहुत गहरे और अव्यक्त अनुभव की कविता बना देता है, एक कमज़ोर हिस्सा है। लेकिन यह उदाहरण यहाँ यह बताने के लिए चुना गया है कि इसमें पार्क की ठंडी बेंच पर बैठे हुए बूढ़े के पास से लौटती हुई स्कूली लड़कियों की उपमा जैसी कमज़ोर हरकत होते हुए भी इस कविता का बड़प्पन कम नहीं होता। **दुःस्वप्न, कूकर, वापस** और **गूँगा** इस संग्रह की अन्य अच्छी कविताएँ हैं। इनमें छिपी हुई झकझोरने वाली तकलीफ़ का परिचय जिन पाठकों को मिलेगा (संभव है सबको न मिले) वे अपने चारों तरफ़ की एक-एक चीज़ को अपने कहीं ज़्यादा नज़दीक और ज़िंदा महसूस करेंगे और यह आधुनिक कविता की एक दुर्लभ उपलब्धि होगी क्योंकि यह आधुनिक युग के ख़िलाफ़ होगी जहाँ हम हर चीज़ और हर व्यक्ति और हर घटना को उस वक्त तक इज़्ज़त नहीं देते जब तक कि किसी वृहद योजना के अंतर्गत कोई दूसरे लोग उसका प्रदर्शन न करें। विष्णु खरे की वस्तु-योजना अद्भुत धीरज और साहस के साथ, जो कि अपनी अनुभूति को संप्रेषित हो जाने तक बचाए रखने के लिए कवि को चाहिए, एक शांत शक्ति वाली भाषा तैयार करती है। यह उपलब्धि आधुनिक कविता के प्रयत्न को संपूर्ण बनाती है। और विष्णु खरे की कविता को अद्वितीय।

'दिनमान', 26 नवंबर-2 दिसंबर 1987

रघुवीर सहाय

टेबिल

उन्नीस सौ अड़तीस के आसपास
जब चीज़ें सस्ती थीं और फ़र्नीचर की दो-तीन शैलियाँ ही प्रचलित थीं
मुरलीधर नाज़िर ने एक फ़ोल्डिंग टेबिल बनवाई
जिसका ऊपरी तख़्ता निकल आता था
और पाए अन्दर की तरफ मुड़ जाते थे
जिसपर उन्होंने डिप्टी कमिश्नर जनाब गिल्मोर साहब बहादुर को
अपनी ख़ास अंग्रेज़ी में अर्ज़ियाँ लिखीं
छोटे बाज़ार की रामलीला में हिस्सा लेने वालों की पोशाक़
चेहरों और हथियारों का हिसाब रखा
और गेहुएँ रंग की महाराजिन को मुहब्बतनामा लिखने की सोची
लेकिन चूँकि वह उनके घर में ही नीचे रहती थी
और उसे उर्दू नहीं आती थी
इसलिए दिल ही दिल में मुहब्बतनामे लिख-लिखकर फाड़ते रहे
और एक चिलचिलाती शाम न जाने क्या हुआ कि घर लौट
बिस्तर पर यूँ लेटे कि अगली सुबह उन्हें न देख सकी
और इस तरह अपने एक नौजवान शादीशुदा लड़के
दो जवान अनब्याही लड़कियों और बहू और पोते को
मुहावरे के मुताबिक रोता-बिलखता लेकिन असलियत में मुफ़लिस
छोड़ गए

टेबिल, जिस पर नाज़िर मरहूम काम करते थे
और जो करीब-करीब नई थी
मिली उनके बेटे सुन्दरलाल को
जिनका एकमात्र सपना डॉक्टर बनने का था, उस बच्चे का बाप नहीं
जिसे असमय ही उनकी घरवाली ने उन पर थोप दिया था
ज़माना हुआ मन्दी का, नौकरी मिलती नहीं थी
किसी ने जँचा दिया मिलिट्री की अस्पताली टुकड़ी में भर्ती हो जाओ
वहाँ डॉक्टर बना देते हैं

सो वे हो गए दाख़िल मेडिकल कोर में
और बर्मा फ़्रन्ट पर एकाध बार चोरी-छुपे घायल हुए
और भेजा अपनी घरवाली रामकुमारी को एक रोबीला फोटो
जिसे रखा रामकुमारी ने टेबिल पर
और पालती रहीं तपेदिक़ बलग़मी रातों में
(दोनों ननदें गुज़र गईं एक के बाद एक
जिस तरह देर तक अनब्याही जवान लड़कियाँ
मर जाती हैं अचानक)
रखती रहीं फूल और ऊदबत्ती और उपास
और वह हारमोनियम भी वहीं रखा
जो कलकत्ते से मंडाले जाते वक्त भिजवाया था सुन्दरलाल ने और जिसे लेने रामकुमारी
बच्चे के साथ गई थीं पहली और आखिरी बार रेलवे माल गोदाम
और पहली और आखिरी बार ही बैलगाड़ी पर
बैठकर आई थीं घर उसे छुड़वाकर

(ज़ाहिर है) बड़ी लड़ाई के दर्म्यान और बावजूद
टेबिल बमय हारमोनियम और फ़ोटो उसी कोने में खड़ी रही
और छँटनी के बाद भूतपूर्व जमादार सुन्दरलाल मेन्शन्ड इन डिस्पैचेज़
जब वापस आए तो टेबिल पर पड़ी अपनी तस्वीर
और बिस्तर पर रामकुमारी को देखकर
उन्होंने उस तरह अपना चेहरा सिकोड़ा
जिसे बर्मा के जंगलों में मुस्कराहट समझने की उनकी आदत पड़ गई थी
और कहा—अच्छा

लेकिन कुछ भी (जिसमें रामकुमारी भी शामिल थीं)
अच्छा नहीं हुआ और
विधुर सुन्दरलाल ने, जिनका विश्वास भावनाओं के
भद्दे प्रदर्शन में नहीं रह गया था,
अपना फ़ोटो तो टेबिल से हटा ही लिया
साथ ही रामकुमारी की भी तस्वीर उस पर नहीं रखी
क्योंकि कोई थी ही नहीं. फिर एक वाजिब अंतराल के बाद
वे बैठे टेबिल पर अर्ज़ियाँ लिखने
और बेकारी, बेगार, क्लर्की और मास्टरी से गुज़रते हुए
हेडमास्टरी को हासिल हुए

और उसी टेबिल पर केरल के ज्योतिषी को जन्मपत्री की नक़लें
शिक्षा-उपमंत्री को सुझाव
हाइस्कूल बोर्ड के सेक्रेटरी को इम्तहान की रिपोर्ट
संभाग शिक्षा निरीक्षक को तबादले की दलीलें
और मातहतों की कान्फ़िडेंशियल लिखते हुए
(और यह सब करते वक्त एक असंभव तथा करुण आवाज़ निकालते हुए
जिसे वह अलग-अलग समयों पर अलग-अलग शास्त्रीय राग
के नाम से पुकारते थे)
पचास वर्ष की अपेक्षाकृत अल्पायु में एक सरकारी अस्पताल में मरे
और अपनी विधुर गृहस्थी का सामान टेबिल समेत छोड़ गए

अपने बेटे को जो अब बड़े शहर में
गंजा और भद्दा होता हुआ एक मँझोला अफ़सर था
और जो बाक़ी सामान को ठिकाने लगा
सिर्फ़ टेबिल, चूँकि वह फ़ोल्डिंग थी और आसानी से ले जाई जा सकती थी,
साथ ले आया
और जब फ़र्नीचरवाले ने कह दिया कि वह तो बहुत पुरानी हो चुकी है
और उस पर सनमाइका लगवाना भी बेकार है
तो उसने उस पर गैरज़रूरी किताबें, पुराने ख़त, बेकार दवाइयाँ और
कंपनियों के सूचीपत्र,
टूटे और गुमे हुए तालों की चाबियाँ, जापानी दूरबीन
और टाइपराइटर की घिर्रियाँ रख दीं
जिनमें उसकी तीन बरस की लड़की की जायज़ और भरपूर दिलचस्पी थी
और जो टेबिल के पायदान पर खड़ी होकर
उसी तरह इस आश्चर्यलोक को फैली आँखों से देखती थी
जिस तरह चौबीस बरस पहले
यह अब गंजा और तुँदियल होता हुआ मँझोला अफसर
उझककर झाँकता था उस आईने में
जिसमें सुंदरलाल बाएँ गाल को जीभ से उभारकर
दाढ़ी बनाते हुए भैंगे होकर देखते थे
(नाक के तीखेपन और जबड़े की लम्बाई में मरहूम मुरलीधर
का असर शायद पहचानते हुए)
और टेबिल के हिलने की वजह से
वह थोड़ा-थोड़ा हिलता था.

अव्यक्त

एक दिन यह हुआ
(मैं इसके लिए कोई कारण नहीं दे सकता)
कि दोपहर की छुट्टी के बाद स्कूल न लौटकर
मैं मुनिसपैल्टी की इमारत की ऊँची दीवार से घिरे
असार्वजनिक बगीचे की एक बैंच पर बैठा रहा—पिता के तबादले ने
यह अभूतपूर्व सुविधा मुझे हाल ही में दी थी—
मेरी पीठ की ओर शोर था इतवारी बाज़ार का जो बृहस्पति को भी
वहीं लगता था
और सामने से हर चालीस मिनट बाद स्कूल के घंटे की आवाज़ आती थी
इस एहसास के साथ कि वहाँ दसवीं 'अ' में सब बैठे होंगे
सामने की बैंच पर मेरे दोस्त मदन और निर्मल, रमेश भाटे और सुरेंद्र
और दाईं ओर लड़कियों की बैंच पर सिंधी देविका और पंजाबी रमेश कुमारी
छह फुट से भी ज़्यादा लंबे ए. पी. श्रीवास्तव लोअर मैथमैटिक्स पढ़ा कर
निकले होंगे
और अब पूरी कक्षा उठकर अपने ही कद के यादव मास्साब से केमिस्ट्री
पढ़ने जा रही होगी

बगीचा जिसमें मैं बैठा था एकदम सूना था—
मैं उस समय भी इतना डरपोक था कि माली सरीखी कोई चीज़
दूर से भी नज़र आती तो मैं बेसाख़्ता स्कूल की ओर रवाना हो जाता
और जैसा मैंने कहा मेरे आसपास सिर्फ़ दूर से आती हुई आवाज़ें थीं
जिन्हें मैं धुँधले रूप से पहचान रहा था
मैं यह भी साफ़ कर दूँ कि मैं पूरी तरह से होशोहवास में था
और वह जगह भूत-प्रेत की अफ़वाहों से मुक्त थी
किंतु अचानक उस क्षण और उसके बाद
वहाँ बैठे रहना मेरे लिए दूभर हो गया—एक अजीब साँसत में था मैं,
एक अव्यक्त सुखद भय से घिरता हुआ
एक ओर तो मैंने करुण रूप से महसूस किया कि चीज़ें

मेरी उपस्थिति के बिना भी बदस्तूर हो रही हैं और होती रही थीं
और दूसरी तरफ़ यह कि मैं बेख़बर था
कि जब मैं अपने विश्व में व्यस्त रहता हूँ
तो एक वृहत्तर संसार निर्लिप्त बेपरवाही से अपनी हलचल में डूबा रहता है
भयावह क्षण था वह अपने सब कुछ परिचित से कटने का
और एक अस्पृश्य विराट से जुड़ने का--
(उस समय मेरे पास ये शब्द नहीं थे जिनका यहाँ इस्तेमाल हो रहा है)
और तब मैंने सोचा पिता और बड़े भाई के बारे में
जो मुझसे और एक-दूसरे से सैकड़ों मील दूर
अपने-अपने काम पर होंगे
और छोटे भाई के बारे में भी जो उसी स्कूल की किसी निचली कक्षा में होगा
जिससे भाग कर मैं यहाँ बैठा हूँ--
मैं यह नहीं कहूँगा कि वह मेरे 'दृष्टिकोण के विस्तृत होने' का क्षण था
किंतु यह अवश्य है कि उसके बाद अपनी परिचित चीज़ों और लोगों को
उसके पहले की तरह देखना मेरे लिए कठिन हो गया
और अपने होने और सुबह, रात और ऋतुओं के बदलने में
मेरी दिलचस्पी कुछ और बढ़ने लगी
और मैं उठा
क्योंकि फिर वहाँ उस बगीचे की बैंच पर बैठने में कोई राहत नहीं थी
और स्कूल में डैस्क पर बैठने में कोई असुविधा--हाँ मैंने यह ज़रूर सोचा था
कि किसी न किसी को यह बात बतानी है
लेकिन बस्ता लिए हुए जब मैं वापस पहुँचा तो सातवाँ पीरियड ख़त्म हो
 चुका था
और खेलने का सामान न दिए जाने की वजह से मेरे साथी लौट रहे थे
जिन्हें मुझे आते देखकर बहुत मज़ा आया. फिर उस माहौल में किसी से
 कुछ भी कहना
बेमानी था. वे और हँसते.

गर्मियों की शाम

लालटेन की कमज़ोर रोशनी की तरह फैल जाती है सिमटने से पहले धूप
पुलिस लाइन का मैदान कवायद के बाद सूना हो चुका होता है
कचहरी के पीछे सूखी घास में वह सिर्फ़ हवा की सरसराहट है
पीछे छूट गए दो-तीन ही जानवर लौटते आ रहे होते हैं
बिना बैलगाड़ीवाले गोंड इतवारी बाज़ार से सौदे की गठरी उठाए
परतला या चंदनगाँव की तरफ वापस जा रहे हैं

यही समय है जब एक मास्टर का, एक वकील का, एक डाक्टर का और
  एक साइकिलवाले सेठ का
चार लड़के दसवीं क्लास के निकलते हैं घूमने के लिए
डाक्टर और सेठ के लड़कों के साथ एक-एक बहन भी है लगभग हमउम्र
चारों पिता आश्वस्त हैं अपने लड़कों के दोस्तों से
इन लड़कों की आँखों में डर है, अदब है, पढ़ने में अच्छे हैं
बड़ों के घर में आते ही वे अच्छा अब जाते हैं कहकर चले जाते हैं
और क्या चाहिए

चार चौदह-पंद्रह बरस के लड़के और दो इससे कुछ ही छोटी लड़कियाँ
बाज़ारवाली सड़क से गुजरकर टाउन हॉल होते हुए
कचहरी के पीछे निकल आए हैं जहाँ शहर ख़त्म हो चुका है
दाईं ओर जेल का बगीचा है जिसके छोर पर वह पेड़ है
जिसके जब फूल आते हैं तो इतने बैंगनी होते हैं
कि वह सबसे अजब ही लगता है और सामने
वह चक्करदार सड़क है जो वापस उन्हें छोड़ देगी शहर में

कभी छहों साथ-साथ और कभी दो लड़कियाँ और चार लड़के
चले जा रहे हैं अभी उनमें बातचीत हो रही थी
स्कूल खुलने की नागपुर जाने की उपन्यास पढ़ना चाहिए या नहीं की
प्रकाश टाकीज़ में लगनेवाली पिक्चर की

आदमी को आगे चलकर क्या बनना चाहिए उसकी
थोड़ा अँधेरा हो चला है सड़क पर एक-दो छायाएँ ही और हैं
अकारण हँसने सामने पत्थर फेंकने या दौड़ जाने पिछड़ जाने का अंत हो
गया है
जो दो-तीन गानों के मुखड़े उठाए गए थे
वे बाद की संकोचशील पंक्तियों को गुनगुनाकर
या आगे याद नहीं आ रहा है कहकर छोड़ दिए गए
और अब एक उल्लास के बाद की चुप्पी है जिसमें
रेत पर कैन्वस के जूतों की श् श् भर है

गर्मियाँ अभी आई ही हैं और हवा में बड़ी मेंहदी के फूलों की गंध है
जो सिविल लाइन के बँगलों के हरे घेरों से उठ रही है
कि अचानक जेल के बगीचे से एक कोयल बोलती है
और लड़कियाँ कह उठती हैं अहा कोयल कितना अच्छा बोली
इस गर्मी में पहली बार सुना
कोयल की बोली पर आम सहमति है
लेकिन एक लड़का चुप है और उससे पूछा जाता है

मुझे नहीं अच्छा लगता कोयल का इस वक्त बोलना वह कहता है
अजीब हो तुम लड़के कहते हैं
एक लड़की पूछती है अँधेरे में ग़ौर से उसे देखने की कोशिश करती हुई
क्यों अच्छा नहीं लगता

पता नहीं क्यों—वह जैसे अपने-आप को समझाता हुआ कहता है—
सब कुछ इतना चुपचाप है शाम हो चुकी है
फिर क्या ज़रूरत है कि कोयल भी परेशान करे—
बहुत ज़्यादा और बेमतलब कह दिया यह जानकर चुप हो जाता है
अब सब हो गए हैं बहुत ख़ामोश उसके कहे से
अलग-अलग सोच में पड़े हुए और धुँधला-सा कुछ देखते हुए
और वह अपने संकोच में डूबा हुआ विशेषतः लड़कियों की ओर देखते
झिझकता
टार्च जलाने लायक अँधेरा हो चुका है एक पीला हिलता डुलता वृत्त अब
उनके सामने है जिसकी दिशा में वे चले जा रहे हैं वापस
एक साथ लेकिन हर एक कुछ अलग-अलग

एकाध साइकिल की खिन्न घंटी पर रास्ता देते हुए

कल फिर लौटेंगे और उसके बाद भी और पूरी गर्मियों-भर
वही रास्ता होगा वही लालटेन की धूप वाला मैदान
वही इक्का-दुक्का लौटते हुए जानवर और गोंड
वही बैंगनी पेड़ और हवा में बड़ी मेंहदी के फूलों की गंध
उसके बाद पूरी गर्मियों भले ही कोयल उस समय नहीं बोलेगी
पर रोज़ उस जगह पहुँचकर वे उसे सुनेंगे अलग-अलग
और सिर नीचा या दूसरी तरफ किए देखेंगे कि क्या उन्होंने भी सुना
उनके घूमने में चुप्पी फैलती जाएगी सोख़्ते पर स्याही की तरह
धीरे-धीरे एक-एक करके उन्हें शाम को दूसरे काम याद आने लगेंगे
गर्मियाँ भी बीत जाएँगी इसलिए घूमने जाने का स्वाभाविक अंत हो जाएगा
उनकी आवाज़ें बदल जाएँगी जिसमें वे अपनी पसंद के गाने अकेले में गाएँगे
कभी-कभी अकेले निकलेंगे घूमने और अचानक दूसरे के मिलने पर ही साथ
    खामोश लौटेंगे
न देखते हुए कि लड़कियाँ उनकी बहनें या दोस्तों की बहनें
उनके आने पर दरवाजे से सिमट कर पीछे हट जाती हैं
शाम को सरसराते मैदान पर जैसे गर्मी की आख़िरी दिनों की पीली धूप.

हँसी

छोटे शहर की रात के साढ़े आठ बज चुके हैं
हिन्दी प्रचारिणी पुस्तकालय के हॉल में
जो मास्टर स्कूली लड़के कुछ लड़कियाँ
कुछ संभ्रांत नागरिक और कुछ रिटायर्ड बूढ़े इकट्ठा थे साढ़े छः बजे से
रम्मू भैया के हाथों तुलसी जयंती समारोह के समापन
और पुरस्कार-वितरण के लिए
उनमें से अधिकांश जा चुके हैं
सबसे पहले लड़कियाँ गईं
सिर्फ दो बचीं ऊँचे दाँत और आवाज़ वाली
वीणा वादिनी वर दे के लिए
पिछले तीन वर्षों से उनके पिता तलाश कर रहे थे उसकी

आयोजक कार्यकर्त्ता और कुछ बूढ़े ही बचे थे अब हॉल में
एक तरफ़ बैठे हुए थे अलग-अलग आयु-वर्गों के पुरस्कार विजेता
जिन्होंने कविता निबंध और वाद-विवाद में इनाम जीते थे
तीन चल-वैजयंतियाँ और आधा दर्जन छोटे-बड़े कप
रखे हुए थे एक कोने में टेबिल पर
जब सजाए गए थे तो उनमें बहुत चमक थी
लेकिन दो-तीन घंटों के बाद वे मंद पड़ गए थे
समारोह समिति के अध्यक्ष साकल्ले वकील के चेहरे की तरह

पुरस्कार पहले ही घोषित किए जा चुके थे
उन्हें सिर्फ़ आज विधिवत् विजेताओं को दिया जाना था
जो छह बजे से ही उजले इस्तरीदार कपड़ों में आ गए थे
और विशिष्ट कोने में बैठाए गए थे
लेकिन कई बार बैठने-उठने की वजह से
अब वे बासी और सामान्य
और चुप हो गए थे

लोगों ने विशेषतः आदर्शवादी लड़कियों ने भी जाने से पहले
उनकी तरफ़ देखना बंद कर दिया था
एक बड़े आदमी की लंबी प्रतीक्षा में
वे बाकी सब की तरह मामूली हो चुके थे

एक कार्यकर्त्ता ने महत्त्वपूर्ण ढंग से आकर
संयोजक के कान में कुछ कहा
और उन्होंने अध्यक्ष साकल्ले वकील के कान में
दो तीन व्यस्त कार्यकर्त्ता और आ गए
और माइक पर जिसकी रात नौ बजे के सन्नाटे में
कोई ज़रूरत नहीं रह गई थी
घोषणा हुई कि रम्मू भैया जनपद की सभा से नहीं लौट पाए
अतएव अध्यक्ष महादेय से ही निवेदन किया गया है
वीणा वादिनी गानेवाली लड़कियों ने
अपनी अभ्यस्त करुण पुकार शुरू की

छोटे और मँझोले कपों और तमगों के बाद
तीन चल-वैजयंतियाँ ही रह गई थीं टेबिल पर
एक दुबला लंबा-सा लड़का धँसी हुई आँखोंवाला
सफ़ेद सूती पतलून और चौखाने की भूरी कमीज़ पहने
कविता प्रतियोगिता की शील्ड लेकर वहीं खड़ा रहा
क्योंकि बाक़ी दो भी उसी ने जीती थीं

कोई और समय होता कोई और जगह मसलन उसका स्कूल
तो शायद कुछ देर तक तालियाँ बजतीं
लेकिन रात साढ़े नौ बजे के बाद न लोग थे न जोश
तीनों शील्ड लेकर जब वह जगह पर लौटा
तो दो-तीन लोगों ने ही उन्हें हाथ में लेकर देखा
जिनके कोई छह सेर बेडौल वजन को लेकर
रात के साढ़े दस बजे वाचनालय की सीढ़ियों से
वह उतरा और सूनी सड़क पर आया

स्टेशन से सारी गाड़ियाँ छूट चुकी थीं
इसलिए कोई ताँगेवाला नहीं गुजर रहा था

वैसे भी इस वक़्त सवा से कम कोई न लेता
और उसकी जेब में दस आने थे
उसने अचानक पाया कि उसे भूख लगी हुई है
और वह पैदल चल पड़ा जहाँ वह रहता था
करीब डेढ़ मील दूर

रास्ते में एक ठेले वाला मिला जिसकी गैसबत्ती कत्थई होती जा रही थी
नमकीन भुनी मूँगफली के छोटे ढेर
और पेठे के टुकड़ों पर धूल की जिल्द थी सेकंड शो के इंटर्वल की
जब वह तौल रहा था तो उसकी निगाह
लकड़ियों के उन तीन तख़्तों पर थी जिन पर चमकदार कुछ लगा हुआ था
यह क्या चीज़ है बाबू साहब उसने पूछा
कुछ नहीं यूँ ही उसने कहा और जल्दी जाने लगा
लेकिन कुछ दूर तक उनके रास्ते एक थे
और बत्ती की कभी कत्थई कभी सफेद रोशनी
उस पर पड़ती रही उसकी छाया को
सड़क के छोरों और घरों की ऊँचाइयों तक फेंकती हुई

एक हाथ में तीन इनाम और दूसरे हाथ से
जेब में पड़ी मूँगफली और पेठे के टुकड़ों से
कशमकश करते हुए एक शील्ड फिसली
और ग्यारह बजे रात के सुनसान में धमाके की तरह गिरी
बंद होटल के पास घूरे पर से चौंका हुआ कुत्ता भौंकने लगा
पास के घर से ऊपर की खिड़की खुली
और एक भर्राई आवाज़ ने पूछा कौन है रे रामसरन
गश्त लगाता हुआ कानिस्टबिल टार्च फेंकता
साइकिल पर फुर्ती से उस तरफ आया

क्या मामला है उसने घबराए हुए रोब में पूछा
कुछ नहीं यह गिर पड़ी थी
क्या है ये सामान कहाँ लिए जा रहे हो
इनाम मिला है घर जा रहा हूँ
कैसा इनाम है ये क्या चाँदी जड़ी हुई है
नहीं चाँदी नहीं है शायद पीतल पर पॉलिश है

रहते कहाँ हो कहीं पढ़ते हो क्या
यहीं पास में रामेश्वर रोड पर गवर्मेन्ट स्कूल में

उसके निष्कम्प जवाब और अपने पशोपेश की वजह से
कानिस्टबिल तरद्दुद में था
लेकिन उसने आख़िरी सख़्ती से कहा
रात में इस तरह अकेले घूमना ठीक नहीं
इधर वारदातें बढ़ गई हैं
और उसे जाने दिया
इस अंतराल ने उसके दुखते हाथों और थके पैरों को
कुछ राहत दी थी
और वह तेज़ी से चल पड़ा घर की ओर
जो अब सिर्फ़ दो फ़र्लांग दूर रह गया था
जानते हुए कि कानिस्टबिल खड़ा उसे देखता रहेगा
जब तक सड़क के मोड़ पर वह ओझल न हो जाए

दरवाज़े की सीढ़ियों पर सावधानी से तीनों को रखकर
उसने ताला खोला
पिता की आज भी कोई चिट्ठी नहीं थी
पहली बार ध्यान से तीनों शील्डों को कुछ देर तक देखा
जो गिरी थी वह दचक गई थी और उस पर कंकरों की खरोंच थी
पिछले विजेताओं के नाम खुदे हुए थे उन पर
कौन थे वे लड़के पता नहीं
क्या स्कूल उसका नाम भी उन पर खुदवाएगा
टेबिल पर उन्हें रख कर वह सोचने लगा
सुबह किताबों-कापियों के साथ इन्हें भी ले जाना होगा
जहाँ वे हेडमास्टर के कमरे की अल्मारी में रखी जाएँगी

सुबह प्रेयर के बाद तीन मैली चमकवाली शील्ड
और उनके विजेता खड़े किए गए सारे स्कूल के सामने
और होशंगाबाद डिवीज़न में प्रख्यात हेडमास्टर
मुकुंदीलाल चतुर्वेदी 'मकरंद' ने अपना उद्बोधन दिया
जिसे सामने कक्षावार कतारों में खड़े हुए लड़के
'अनुसरण करने' और 'प्रभावित होने' का भाव चेहरे पर लिए सुनते रहे

पीछे छाँह में खड़े हुए थे दुबले अन्यमनस्क मास्टर
मैदान से आती हुई हवा शील्ड और उनके हत्थों के बीच सरसरा रही थी
वह उसकी विनम्रता नहीं थी
शील्ड धीरे-धीरे हिल रही थीं लेकिन गिर नहीं रही थीं
पिछली रात की तरह
यह सोचता हुआ अपनी चौखाने की कमीज़ की दूसरी बटन तक
सिर नीचा किए हुए वह चुप हँस रहा था
वीणा वादिनी साकल्ले वकील गैस की कत्थई उजली बत्ती
भौंकते हुए कुत्ते भौंचक्के कानिस्टबिल के बीच
लम्बे रास्ते पर अपनी निर्जन विजय का अकेला बोझ लिए लौटने को
हेडमास्टर के तल्लीन भाषण पीछे बातें करते हुए लड़कों
ऊबे हुए मास्टरों और सरसराती हवा से
अचानक समझता हुआ.

प्रारंभ

अठारह वर्ष की उम्र से मैं उन आँखों की
इस चमक को जानता हूँ—यह नीली कौंध
जिसकी चिन्गारियाँ पिघलती हुईं
सीधी आत्मा नामक किसी चीज़ में समा जाती हैं
संगीत के उस स्वरूप में ढलती हुईं जिसे शायद
सिर्फ ओइस्त्राख़ जानता होगा अपने अमाती पर
मोत्सार्ट की व्याख्या करता हुआ
और हालाँकि अब मैं अड़तीस का हूँ
और सुन्दर तो कभी नहीं था
कुछ बरसों से बालों को सामने ऊँछता हूँ
और पतलून पर ढीले कुर्ते या बुश्शर्ट पहनाता हूँ
किन्तु यह ख़तरनाक चमक दिखती ही रही है बीच बीच में
जो सारा दिन दमकती रहती है
वत्सला स्त्री की आँखों में
जब उसका पुरुष बहुत दिनों बाद उससे मिलता है

मैंने ही ऊपर देखा था उसकी तरफ़
अपनी किताब के ऊपर से तटस्थ
उसने भी अपेक्षाकृत महँगे कॉलेज में पढ़ने वाली
व्यस्त नज़र मुझ पर डाली—किन्तु क्षण के एक हिस्से में
वह एक सजग और स्पंदित निगाह में परिवर्तित थी
और उसने अपनी मित्र से अनायास ही कहा—
लैट्स सिट हियर एह्वाइल
—मुझसे उसकी दूरी कोई तीन ग़ज़ है
और खुली हुई खिड़की मेरे एकदम पीछे

लड़की तुम किस घटना की आशा में रुकी हुई हो
इस वक्त तुम्हारे दिल के रास्ते शरीर में क्या गूँज रहा है

यहाँ तुम अपनी किन अनाम भावनाओं में परवश हो
यह शायद तुम नहीं पहचान रही होगी
लेकिन मुझे देखो मैंने इस बीच
तुम्हें तीन बार ही अपनी अभ्यस्त तटस्थता से देखा है
किंतु बीस वर्षों के मेरे खुरदरे अनुभवों के सख़्त रोएँ
तुमसे लगातार आती हुई सनसनाहट के संकेतों से जाग खड़े हैं
अपनी अबोधता को खोए
और स्त्री-पुरुष शतरंज की चालों को अख़्तियार करने के
पिछले बीस वर्षों में मैंने कई उतार-चढ़ाव देखे हैं
और ऐसे क्षणों की सफल अर्धसफल निष्फल परिणतियों तक गया हूँ
किंतु लड़की मेरे पास अब इतना धैर्य नहीं
कि विसंगत चीज़ों की एक अंततः धोखादेह शुरूआत हो
जिसके तार्किक परिणाम के बाद दिमाग़ के कोनों में
एक भेड़िए के मर जाने के बाद उसके रोने की गूँज जम जाए
इसलिए मेरी आँखें निर्लिप्त थीं और चेहरा रेखाहीन
क्योंकि तुम्हें देखता हुआ
मैं बदले हुए ख़ुद को भी देख रहा था

ब्रिटिश काउंसिल की चक्करदार सीढ़ियों से उतरते हुए
वह अचानक बहुत चुप हो गई थी या मुखर
कोने में बैठे उस आदमी के बारे में
उसने क्या कितना कितनी दूर तक सोचा
यह कहना-जानना कठिन और शायद व्यर्थ भी है
किन्तु जाने के क्षणों की उस छटपटाहट में
जो एक बदल देनेवाले असमाप्त अनुभव को
अंतिम चरण तक अपने ऊपर से गुज़र जाने देने की तड़प है
मैं जो कुछ उस पर हो रहा था
उसकी करुणा से हिल उठा और संभव है
मैं उठता और जिस तरह आदमी कभी-कभी
अपनी बहन पुत्री या प्रेयसी का हाथ मन्द्र लाड़ में पकड़ता है
और कुछ दूर तक खींचे-सा लिए जाता है
उस तरह उसे ले जाता
समय और शरीर के बिसूरने को एक भाव-भीना आदर्श न देता
—अब तुमने ठीक-ठीक देख लिया है और शायद

समझोगी कि मैं क्यों चुप था और सिर्फ़ देख रहा था—
बल्कि कहता प्यारी मासूम लड़की शायद तुम्हें कोई भ्रम नहीं है
शायद तुमने अपने ताज़ा एहसास में सब कुछ समझ लिया है
शायद तुम सारे जोखिम उठाने के लिए तैयार हो
जो डर और साहस कुरूपता और सौंदर्य
और शरीरों और आवेगों के टकराव के अंतराल के बाद
तुम्हें और मुझे और भी समृद्ध करते हुए—
तुम्हें और औरत बनाते हुए मुझे और आदमी—
लेकिन फिर भी आत्मा को थोड़ा कड़वा और कांतिहीन बनाते हुए
अपराधी रातों के तीसरे प्रहर के अंत में
तुम्हें उन प्रश्नों की ओर ले जाएँगे
जिनका कोई संतोषप्रद जवाब अब तक नहीं है—
स्त्रियों और पुरुषों के दरम्यान वह क्या है जो रिश्तों को ऐसा बना देता है
आदमी और औरत की ज़िंदगी का अर्थ क्या है और किसके हाथ में है

और कहता कि इस क्षण मैं तुम्हें एक संबंध दे सकता था
लेकिन होने के अभी बहुत सारे विकल्प हैं
उनमें से चुनो और जीवन के वैविध्य को किसी और तरह से चरितार्थ करो
किन्तु मैं नहीं उठा और दौड़कर मैंने उसे नहीं छुआ
क्योंकि मैं सोचना चाहता था कि जो लड़की चली गई
वह एकदम वह नहीं थी जो कि आई थी
इसे उस सार्थक पीड़ा का प्रारम्भ ही रहने दो
जिसकी छटपटाहट मानव व्यापारों के केन्द्र में है
वह थोड़ा बदल गई है वह कुछ दिनों बाद पहचान लेगी
और यह बदलना उसमें ज़्यादा ख़ुद होना भर गया है
बदलते जाने की यह लपट उसे घेरती जाएगी
अपनी तरह की ज़िंदगी जीते हुए जब एक शाम
व्यतीत को वह एक तरतीब में देखने की कोशिश करेगी
तो शायद उसे अपने कभी बीस वर्ष की होने
और यहाँ ठिठकने की भी याद आएगी
छिटक जाएँगी वही नीली चिन्गारियाँ
एक पल के लिए शाम के ख़ामोश कमरे में
और वह धीमे से हँसेगी उस निस्संकोच पूरी औरत की तरह
जिसके लिए कोई भी स्मृति
पछतावा बचपना या हसरत नहीं है.

अकेला आदमी

अकेला आदमी लौटता है बहुत रात गए या शायद पूरी रात बाद भी
घर के ख़ालीपन को स्मृतियों के गुच्छे से खोलता हुआ

अगर वे लोग होते अगर वे लोग होते
दिमाग़ में रह-रहकर एक अधखुला दरवाज़ा टकराता है
अगर वे लोग होते तो वह देखती प्रेम में या रोष में
उसके पीछे-पीछे
समय से पहले होशियार हो गई वह होती जागती हुई
छोटे दोनों सो चुके होते
शिकायत और कैफ़ियत के बाद
तीनों जागते हुए दोनों सोते हुओं को एक साथ प्यार करते
और वे कुनमुनाते और चौंकते नींद में
करवट बदलते हुए गालों को हाथों से ढँककर नन्हा प्रतिवाद करते हुए

अकेला आदमी उस समय लौटता है जब नल जा चुका होता है
रसोई की बत्ती जलाकर व्यस्त तिलचट्टों को व्यग्र करता है
पीतल की बाल्टी में परसों के पानी पर
चींटे के पंख जैसी इन्द्रधनुषी जिल्द है
उसे निथारता है वह होती सोचता हुआ
बर्तनों पर उसके ही न होने की गर्द है
मनी-प्लांट की शीशियों में उसी की अनुपस्थिति की बू

व्यस्त होने के कई तरीके ईजाद करता है अकेला आदमी
बक्सों में भरे काग़ज़ों को सहेजना उनमें सबसे जटिल है
पहले ही हाथ में मिलता है वह ख़त जो उसे उसने कलकत्ता लिखा था
पहली बार उसे पिता बनाने से पहले
पुरानी तस्वीरें आँखों में लिए वह स्मृतियों में विस्फारित है
देखते-देखते कितना वक्त गुज़र गया की पिष्टोक्ति को

अचानक वास्तविक महसूस करते हुए

अकेला आदमी पाता है कि कुछ भी उसका नहीं है
घर को खोलने की गंध बड़ा आईना पुराने बक्स
पीले अखबार अल्मारियों के हैंगर उसके नहीं हैं
कपड़े सुखाने की डोर फड़फड़ाते कैलेन्डर
सब उनके हैं और सब उससे ऊबे हुए हैं
क्योंकि उसका होना उनमें कोई आवाज़ और अर्थ पैदा नहीं करता
उसकी अपनी किताबें और अपने रिकॉर्ड तक उसके नहीं हैं
उन्हें वह नन्हें उत्सुक हाथों की गिरफ़्त से वंचित
यूँ ही बिछा देता है और वे
बेजान पड़े रहते हैं अपनी सुरक्षा में

अकेला आदमी पहुँचता है बस्ती के ढाबे में रात गए
जब अलूमीनियम के खाली भगोने मँजने लगे हैं
सिर्फ़ दाल और दही बचा है उसे बताया जाता है
इस उम्मीद में कि वह चला जाएगा
बहुत है वही लाओ कहकर वह बाहर
हिलती हुई कुर्सी पर बैठता है
एक बहुत छोटा मरियल कुत्ता बेहद ख़ुश
फुर्ती से दुम हिलाता उसके पास खड़ा हो जाता है
उनींदे भुनभुनाते हुए पहाड़ी लड़के द्वारा
टेबिल पर रखी इकट्ठी सीली रोटियों की तरफ़
चमकती कनखियों से देखता हुआ—
दाल से कंकड़ और दही से बाल सावधानी से अलग करता हुआ
वह तीसरी रोटी के बाद उठ खड़ा होता है
और इंतज़ार करता है कि बग़ल की दीवार से
मालिक वापिस लौटे पैसे लेने के लिए
जिसकी औरत इस तरफ़ पीठ किए दिन-भर का गल्ला गिनती है
उसके हाथ की रेज़गारी की तरफ से उदासीन

कभी-कभी थोड़ी शराब पीकर और/या साथ लेकर
लौटता है अकेला आदमी
खुद ही गिलास साफ़ करता है
डिब्बों को हिलाकर देखता है नमकीन किस में था

अकेले गिलास को बीच तक भरता है
सर में वह दर्द नहीं है उनके न होने की गूँज है
शराब रात और ग्रामोफ़ोन पर नौशाद का पुराना रिकॉर्ड
उसे कमज़ोर बना रहे हैं
और वह पुरानी फीकी साड़ी सिले हुए स्कूली जूते
टूटी हुई गुड़िया और ग्राइप वॉटर की ख़ाली शीशी को
उठा-उठाकर बड़बड़ाने लगता है

वह वचन देने लगता है अनुपस्थित उसको
उसे सालने लगते हैं वे दुख
जो वह उसे लगातार देता आया है
हिसाब लगता है कि अब तक वह उसे क्या दे सका है
घर की हर एक सस्ती चीज़ देखता है
जो महीनों के उधार पर लाई गई है
उसकी एड़ियाँ फट गई हैं और हाथ राख से खुरदरे
शरीर पर कोई उल्लेखनीय गहना नहीं
लेकिन कितनी खुश और संतुष्ट है वह
जब अपने दस बरस पुराने लोहे के नीले बक्से में
अपना और अपने बच्चों का सामान सहेजती है

अकेला आदमी अपना आपा खो चुका है
खुद पर तरस खाने की हदों से लौट-लौट रहा है
उसे याद आने लगी है पाँचवीं क्लास की उस साँवली लड़की की
जो एक मीठी पावरोटी पर ख़ुश
पैदल स्कूल जाती है निर्मम चौराहे पार करती हुई
याद आती है उससे छोटी की
जो उसे हाथ पर काटकर पिटी थी
और हमेशा ख़ुश उसकी जो अब चलना सीख रहा है
और अचानक थककर कहीं भी सो जाता है
अकेला आदमी छटपटाकर पाता है
कि वह उन सबसे बहुत प्यार करता है
बहुत-बहुत माफ़ी माँगता है
पूरे कपड़े पहने हुए सो जाता है
बिस्तर पर जिसमें उन सबकी गंध है
जिन्हें वह सपने में अपने साथ रेलगाड़ी में आते हुए देखता है

मौसम

शब्दों का भी एक मौसम होता है
 कपड़ों की तरह
तुम चाहो तो एक ही शब्द
बार-बार पहन सकते हो
 शायद एक ही शब्द
तुम्हें अच्छा लगता हो
अपनी स्थिरता में
बच्चे को बढ़ने से रोकने की इच्छा करती हुई माँ की तरह
 किंतु हम एक ही आदमी को
एक ही जैसा देखने के आदी नहीं होना चाहते
 चाहते हैं
उससे अगली दफ़ा मिलने पर
अपना और चीज़ों का पुरानापन याद आये
या हम कह सकें
कि अब वह पहले सा नहीं रहा या
 हम चकित हों
उसके अचानक पीठ पर हाथ रख मुस्कराने
और हमारे उसे पहचान लेने के क्षण के बीच
अनिश्चय की असुविधा में
 शब्द खोजते हुए

तुम चाहो तो
एक ही शब्द उलट-पलट कर पहन सकते हो
या उसी मौसम में—
बिस्तर पर जाने के पहले उनकी घटनाहीन जीवनी में
उनकी पत्नियों के लिए एक उल्लेखनीय वारदात बनते हुए—
कोई दूसरे शब्द—
 जैसे शीशे के पीछे औरत

दिसम्बर में भी सिर्फ़ ब्रा पहने होती है—
तुम्हारी असामान्य पसंद से चौंकते हुए वे आसपास देखेंगे
उन्हें भी मौसम का एहसास नहीं होता
किन्तु प्रतिदिन की असामान्यता
रंगीन मछलीघर की तरह
उनकी एक और आदत हो जाएगी
और फिर हालाँकि तुम रोज़ नए शब्द पहने हुए
उनके सामने से गुज़रोगे
 या खीझ-भरे एकाध दिन
कुछ भी नहीं पहने हुए भी सड़क पर निकल आओगे
तब भी वे पुराने पोस्टरों पर या छतों पर लटकते
 फीके कपड़ों पर
या किसी रुकी हुई नाली पर आँखें गड़ाए हुए बढ़ जाएँगे
जब तक कि तुम
 शब्दों को अपने नियत मौसम में पहनकर
उनमें
एक धुँधली आश्चर्यान्वित पहचान न जगाओ

नर्तकी

कु. के लिए

वृत्ताकार अग्निरेखाओं में
वह एक अल्पना रचती जा रही थी
एक स्पंदित ज्यामिति
अपने एकान्त उल्लास के सुदूर आश्चर्यदेश में
स्वयं को देख मुग्ध होती हुई

सारे आयामों से परे
वह सब कुछ थी
लहरों या बादलों में बनते आकारों की तरह
या गतिहीन शब्दों और अर्थों के बाहर
एक सर्वातीत कविता
कल्पना के दर्पणों से दीप्त कारागार में
जिसे तल्लीन भंगिमाएँ और संकेत
अपरिमित मुक्ति देते थे

वर्ष-राग

अ. और र. के लिए

समय की शाश्वत सिम्फ़नी में
क्या होता है एक वर्ष
एक ललित स्वर के सिवाय
जो कुछ अधिक स्पंदित होता है
और जिस पर अँगुलियों का लौटना भला लगता है

दो प्रेमी लौटते हैं एक वर्ष-राग में
जो थर्राता हुआ ठहरा है उनके बीच
संगीत के बर्फ़ीले प्रभामंडल की तरह
और स्मृति-अवरोहों में पुनः अपने को खोजना पाना
एक पुनरुज्जीवित प्रणयगीत है

लौटना

हम क्यों लौटना चाहते हैं
स्मृतियों, जगहों और ऋतुओं में
जानते हुए कि लौटना एक ग़लत शब्द है—
जब हम लौटते हैं तो न हम वही होते हैं
और न रास्ते और वृक्ष और सूर्यास्त—
सब कुछ बदला हुआ होता है और चीज़ों का बदला हुआ होना
हमारी अँगुलियों पर अदृश्य शो-विन्डो के काँच-सा लगता है
और उस ओर रखे हुए स्वप्नों को छूना
एक मृगतृष्णा है

अनुभवों, स्पर्शों और वसन्त में लौटना
कितना हास्यास्पद है—फिर भी हर शख़्स कहीं न कहीं लौटता है
और लौटना एक यंत्रणा है
चेहरों और वस्तुओं पर पपड़ियाँ और एक त्रासद युग की खरोंच
देखकर अपनी सामूहिक पराजयों का स्मरण करते हुए.
आईने के व्योमहीन आकाश में
एक चिड़िया लहूलुहान कोशिश करती है उस ओर के लिए
और एक ग़ैर-रूमानी समय में
हम सब लौटते हैं अपने-अपने प्रतिबिंबित एकांत में
वह प्राप्त करने के लिए
जो पहले भी वहाँ कहीं नहीं था

दिनचर्या

उठकर वहाँ जाते हो
जहाँ शोर अपने सैकड़ों पंजों और दाँतों से
तुम्हें फाड़ खाने दौड़ता है
जहाँ तुम्हारे पीछे पदचापों की फुसफुसाहट
गहरी होती हुई चलती है और तुम्हारी पीठ
किसी नोकीली चीज़ की आशंका में
बार-बार मुड़ना चाहती है
जहाँ रफ़्तारें तुम पर से गुज़रने को आतुर हैं
जो तुम पहने हुए हो उसे अधिकारने
झिल्लीदार अँगुलियाँ छटपटाती हैं
जहाँ तुम्हारे पैरों के लिए
काँच के तिकोने टुकड़े बिछाए जा रहे हैं
और अगले चौराहे पर जो नई टिकठी लगाई जा रही है
उस पर कल जो लटकाया जाएगा
उसे तमाशाइयों में शामिल हो तुम न देखोगे
क्योंकि कहीं तुम ही वह न होओ.

आज भी बचकर लौट आए हो बूढ़े साँप की तरह
यहाँ अपनी सीलन में
अस्थायी मृत्यु के पहले
फ़ैसले और ले जाए जाने का इंतज़ार करते हुए.

राहत

ठंड की एक आर्त्त साँझ
गाड़ी में एक मोड़ पर जब सूरज अचानक डूब जाता है
तब जीवित रखनेवाली बातचीत
धीरे-धीरे पीली पड़कर श्वासहीन होती है
और एक संकोचमय शोक-संगीत के मौन में
हर व्यक्ति सिकुड़ जाता है और सावधानी से
आसपास की नज़रें बचाकर काँच के बाहर
अँधेरे में या अन्दर किसी कोने में
हिलते हुए सिगरेट के बुझे टुकड़े पर
यत्नपूर्वक आँखें गड़ाए रहता है और सोचता है
कि बाकी सब क्या सोच रहे हैं जबकि
वे भी अपने संपृक्त आदिम भय से ग्रस्त
स्वयं को कुछ भी न समझा पाने वाली
पशुओं की वाणीहीनता में ठिठके रहते हैं और
गूँगेपन की असुविधा में सिहरते हुए
इंतज़ार करते हैं निजी स्टेशन का
कि उठें और अपने अंदर बैठे हुए
उस नामहीन अजनबी को वहीं छोड़कर
राहत पाते हुए निकल जाएँ
मुड़कर पीछे देखने का साहस न करते हुए

मृत्यु

ज़रूरी नहीं कि मृत्यु एक बार ही हो
और उसके बाद कुछ भी नहीं हो
एक अँधियारे अपार्थिव बरामदे के सिवाय
हो सकता है पहली बरसात के पश्चात्
घास में बूँदें देखने के लिए तुम उठो
और खिड़की में लगे काँच में
तुम्हारा प्रतिबिंब तुम्हें आश्चर्यान्वित करने के लिए
वहाँ नहीं हो
या जब तुम चुम्बन के लिए होठों को तत्पर करो
तो तुम्हें लगे कि तुम पास ही किसी कुर्सी पर बैठे
हँस रहे हो
या स्मृतियों के अलाव में झाँकते हुए पाओ
कि उठती हुई लपटें तुम्हारी भौंह पर कोई बू नहीं छोड़तीं

और जब तुम फुसफुसाहट की तरह बिखरोगे हर शाम भीड़ में से
और लोग तुम्हारे बीच में से गुज़र जाएँगे
या तुम्हारे आर-पार आसानी से देख लेंगे
तो तुम्हें महसूस होगा
कितना हास्यास्पद है सोचना
कि मृत्यु एक सुविधा है
जो छायाओं के लम्बे हो जाने पर ही होती है

अन्तिम

क्या याद आता होगा मृत्यु के प्रारम्भ में
मर्मान्तक वेदना की लम्बी मौत
या कृतज्ञ बेहोशी में या उससे कुछ पहले—
एक बहुत नन्हीं लड़की अँगुलियाँ पकड़ती हुई
या पास आती हुई दो दमकती आँखें
या बचपन और पुराना घर और धूप-भरी सुबहें और रेलगाड़ी
या बहुत सूनी गर्मियों की उदास दोपहर अथवा
उससे भी बोझिल शाम के एक-दो पेड़वाले रास्ते
या चीज़ें जो की नहीं गईं या एक घर जो कभी नहीं बना
या दुःख जो दिए गए
या सुख जिन्हें छुआ नहीं गया
और इन सबके होने और न होने की व्यर्थता
यह सब याद आता होगा और एक पक्षी का उड़ना भी
किसी एक अनाम फूल का हवा में हिलना और
मौसमों की संधिवेला की गंध का स्पर्श और सूर्योदय और सूर्यास्त
और अँधियारे आकार और रहस्यमय रात्रि
और यह करुण अहसास
कि यह सब अंतिम है—एक पूरे होते हुए जीवन को
बचे हुए कुछ भयार्द्र क्षणों की
डूबती हुई स्मृति में जीना

कोशिश

स्वामीनाथन के लिए

शाम को खुश लौटती हुई चिड़ियों से मैं पूछना चाहता हूँ
एक अशुभ सवाल
कि आख़िर वे मरने के लिए कहाँ जाती हैं
लेकिन वे मेरी तरफ़ उसी तरह देखती या न देखती हुई गुज़र जाती हैं
जिस तरह पार्क की ठंडी बैंच पर बैठे हुए
ख़ाली निगाहवाले बूढ़े के पास से
स्कूल से लौटती हुई लड़कियाँ चली जाती हैं.

चिड़ियों की मृत्यु मेरे लिए एक रहस्य है
और यहाँ मेरा अर्थ पिंजरों में लटकाए गए
पक्षियों की मौत से नहीं है जिनके पंजों से
तीलियों को छुड़ाना कठिन हो जाता है—
और अचानक उड़ान में बिजली के तारों
या मोटर के पहियों में फँस गए कौओं के शरीर से भी
मैं उसे समझने की कोशिश नहीं करूँगा
क्योंकि आदमियों और आदमियों की चीज़ों के संपर्क से
आई हुई चिड़ियों की मृत्यु मेरा विषय नहीं है.

नहीं मैं देखना चाहता हूँ चिड़िया को उस क्षण में
जब वह आख़िरी उड़ान के पहले अपने आप निश्चित करती है
कि यह उसकी आख़िरी उड़ान है
और बिल्कुल पहले ही की तरह
उठ जाती है घड़ियों और नक्शों के बाहर
उस जगह के लिए जहाँ एक असंभव वृक्ष पर बैठकर चुप होते हुए
उसे एक अदृश्य चिड़िया बन जाना है. देखना ही चाहता हूँ
क्योंकि न मैं चिड़ियों का संकल्प पा सकता हूँ और न उड़ान
मैं सिर्फ़ अपनी मृत्यु में उनकी कोशिश करना चाहता हूँ.

अर्थ

वह कोई भी वक्त हो सकता है और कोई भी जगह
और तुम उस समय कुछ भी सामान्य कर रहे हो सकते हो
मसलन गर्मी की दोपहर में हाँफ़ता हुआ खेल का मैदान
पार करते हुए
किसी नये शहर में बहुत सुबह पहुँचते हुए
एक अजनबी घर में पहली बार कदम रखते हुए हो सकते हो
या घनी बारिश के बाद किसी उजाड़ इमारत के आश्रय से निकल कर
चौराहे के अचानक धूप से चौंधियाए त्रिकोण से गुज़रते हुए—
तुम चाहो तो इस अधूरी सूची में
मनपसंद रंग और गंध की उपस्थिति भी शामिल कर सकते हो

तुम्हें लगेगा कि यह पहली बार ही नहीं हुआ है
और महसूस करते हुए भी कि यह एक ऐसी घटना की स्मृति है
जो अभी घटी नहीं है
तुम मैदानों शहरों अजनबी घरों उजाड़ इमारतों और भफाते चौराहों के
उन क्षणों में अपने एक ऐसे आभास के
इतने समीप होगे
कि तुम्हें लगेगा बस इनका विहंगम अर्थ
तुम्हें अब मालूम हुआ अब मालूम हुआ
और उस भयावह इलहाम के इतने रू-ब-रू आ जाओगे
जहाँ से एक कदम और बढ़ने से सब साफ़ हो जाएँगे
अस्तित्व की सिंधु घाटी लिपि के कमोबेश सारे अक्षर
सुन्दर स्त्रियों का हर बार अप्राप्य सौन्दर्य ब्रूक्नर की आठवीं सिम्फ़नी
सारे यक्षों के सारे प्रश्न
उस पल के अक्षांश और देशांश जब तुम्हारे पिता ने
तुम्हें तुम्हारी माँ को दिया था
कबीर की कविताएँ बोर्ख़ेस की कहानियाँ बर्गमान की सातवीं मुहर दॉन
हुआन की बातें

नवजात बच्चे के सिर से निकलती ख़ुशबू—
और कहीं से या तो बाख़ का कोई समूहगान उठेगा
या कोई प्राग्वैदिक ऋचा
और असम्भव परिवर्तनों की शुरूआत होगी

किंतु तुम केवल रहस्य के अल्पपारदर्शी दरवाज़ों तक ही पहुँच पाते हो
जिनकी चाबियाँ फैलते-सिकुड़ते ब्रह्मांड में
स्थिर या चलायमान नीहारिकाओं के बीच
उनसे न टकराती हुई तैर रही हैं
अपार्थिव रंगों के गीत सुनती हुई
जिनके पीछे रज्जु काटकर ही जाया जा सकता है—
और तब शायद अल्पपारदर्शी दरवाज़ों का न कोई अर्थ होगा न व्यवधान
क्योंकि उस वक्त तुम अपने आपको देखता हुआ पाओगे और उसे तुम्हें
सिर्फ़ एक दूसरे को पीछे छोड़कर जाने की
एक प्रवहमान अनन्त लीला-भर होगी अंत तक.

चे

वक्त साधती बहसों और धूर्त समझौतों के बाद
एक तंग आदमी को कोई हाथ का काम दो
और एक-दूसरे की तरफ़ न देखकर भी समझ लेने वाले चंद दोस्त
और खुले आसमान के नीचे असंभव पड़ाव
जहाँ से सब कुछ एक बहुत गंभीर मज़ाक़ की तरह संभव हो
फिर हो एक लम्बा और बेरहम मुकाबला
जिसमें कुछ भी अक्षम्य न हो
निर्मम हमलों आगे बढ़ने पीछे हटने
कुछ उनके लोग गिरा देने कुछ अपने साथी गँवा देने
और चिरायंध और अँतड़ियों के पहले दर्म्यान और बाद
सब कुछ जायज़ हो

फिर विजय हो या उसका एकमात्र विकल्प
एक आजिज़ आए हुए शख़्स की
स्थिर होती हुई लेकिन खुली आँख हो
मँडराते हुए उतरते गीध की पैनी आँख में सीधे देखती हुई
जो पराजय तो बिल्कुल नहीं है
कुछ और वह हो या न हो

स्वीकार

आप जो सोच रहे हैं वही सही है
मैं जो सोचना चाहता हूँ वह ग़लत है

सामने से आपका सर्वसम्मत व्यवस्थाएँ देना सही है
पिछली कतारों में जो मेरी छिछोरी 'क्यों' है वह ग़लत है

मेरी वजह से आपको असुविधा है यह सही है
हर खेल बिगाड़ने की मेरी ग़ैरज़िम्मेदार हरकत ग़लत है

अँधियारी गोल मेज़ के सामने मुझे पेश किया जाना सही है
रोशनी में चेहरे देखने की मेरी दरख़्वास्त ग़लत है

आपने जो सज़ा तज़वीज़ की है सही है
मेरा यह इक़बाल भी चूँकि चालाकी-भरा है ग़लत है

आपने जो किया है वह मानवीय प्रबंध सही है
दीवार की ओर पीठ करने का मेरा ही तरीका ग़लत है

उन्हें इशारे के पहले मेरी एक ख़्वाहिश की मंज़ूरी सही है
मैंने जो इस वक्त भी हँस लेना चाहा है ग़लत है

डरो

12 जुलाई 1976

कहो तो डरो कि हाय यह क्यों कह दिया
न कहो तो डरो कि पूछेंगे चुप क्यों हो

सुनो तो डरो कि अपना कान क्यों दिया
न सुनो तो डरो कि सुनना लाजिमी तो नहीं था

देखो तो डरो कि एक दिन तुम पर भी यह न हो
न देखो तो डरो कि गवाही में बयान क्या दोगे

सोचो तो डरो कि वह चेहरे पर न झलक आया हो
न सोचो तो डरो कि सोचने को कुछ दे न दें

पढ़ो तो डरो कि पीछे से झाँकने वाला कौन है
न पढ़ो तो डरो कि तलाशेंगे क्या पढ़ते हो

लिखो तो डरो कि उसके कई मतलब लग सकते हैं
न लिखो तो डरो कि नई इबारत सिखाई जाएगी

डरो तो डरो कि कहेंगे डर किस बात क़ा है
न डरो तो डरो कि हुकुम होगा कि डर

अंतिम आदमी

बात जॉर्ज मैक्बेथ की कविता 'बैडटाइम स्टोरी' से आगे की है. जब पृथ्वी पर से मानव-जाति (लगभग) नष्ट हो गई तब भीमकाय चींटियों का साम्राज्य स्थापित हुआ. एक दिन मालूम पड़ा कि जंगलों में एक आदमी देखा गया है. उसकी सहायतार्थ चींटियों का एक कार्यकर्त्ता-दल भेजा गया. चींटियों को अपनी तरफ़ बढ़ते देखकर भयभीत आदमी ने भाला चलाया और चींटियों ने आत्मरक्षा में उसे मार डाला. जिस चींटी ने उस आदमी पर जंवाबी हमला किया था उसका वक्तव्य, जो चींटियों की साम्राज्ञी को सम्बोधित है और वस्तुस्थिति पर प्रकाश डालता है, नीचे दिया जा रहा है :

महामहिम साम्राज्ञी
यदि इस दास को ज्ञात होता कि जिसने उस पर अस्त्र चलाया
वह अन्तिम आदमी था
तो यह भयानक और अक्षम्य दुर्घटना टल गई होती.
कौन नहीं जानता कि इस लुप्तप्राय: जाति में
साम्राज्ञी की बेहद दिलचस्पी थी.
ख़त्म होती हुई किसी भी प्राणि-जाति को नष्ट करना तो
आदमियों ने भी अपराध ठहराया था.
(जानवरों पर क्रूरता करने वालों को दंड देने वाली
उनकी संस्थाओं का भी पता चलता है)
और अन्तिम दोपाया ऐतिहासिक दृष्टि तथा वैज्ञानिक अनुसंधान के लिए
अत्यन्त महत्त्वपूर्ण था—यह हम सब प्रजाजन जानते हैं.
उसे नष्ट करना अपराध तो था ही, शव लेकर न आना गुरुतर अपराध था.
हमारे वैज्ञानिक इस अनोखे प्राणी के मस्तिष्क का अध्ययन करना चाहते थे
किन्तु सन्तोष का विषय है कि—मैं अपना बचाव नहीं करना चाहता,
सिर्फ़ तथ्य ही प्रस्तुत करूँगा—
शव छोड़कर आने से पहले, सावधानीवश, और कुछ कुतूहलवश,
मैंने उसकी तलाशी ली थी, जिसके परिणामस्वरूप
पुरानी भाषा में लिखे (जिन्हें अब समझ लिया गया है) कुछ काग़ज़ात
बरामद हुए, जिनके आधार पर, अपनी अत्यल्प बुद्धि के अनुसार,
मैं यह निवेदन करने का दुस्साहस कर सकता हूँ कि

यह आदमी जीवित भी मिल जाता तो
हमारे वैज्ञानिकों तथा इतिहासकारों को कोई लाभ न होता
उलटे हानि ही होती.

काग़ज़ों से पता चलता है कि यह आदमी
असभ्य अथवा अर्धसभ्य नहीं था, भगोड़ा था
जब वह नगर में था तब इसे अपने काम
तथा परिवार में कोई दिलचस्पी नहीं थी, इसे दूसरे आदमियों का स्पर्श
घृणित लगता था और स्वनिर्मित भय के अवास्तव विश्व में
यह काल्पनिक कष्टों को भोगता हुआ
'मैं मर रहा हूँ, मैं मरना चाहता हूँ' कहता हुआ जीता था
स्पष्ट है कि यह न इस तरफ़ था न उस तरफ़
और दोनों तरफ़ के अन्यायों से उदासीन था
इसे दुनिया की प्रत्येक वस्तु से नफ़रत थी और इसके लिए
सौंदर्य कहीं नहीं था—यह फलों में कीड़े तथा फूलों में सड़ाँध देखता रहा—
जब आदमी मरते थे तब यह कहता था कि
जब वह दुनिया बदल नहीं सकता तो कोशिश क्यूँ करे
और जब युद्ध शुरू हो गए तो उसने न सत्य का पक्ष लिया
न झूठ का
(उसके लिए दोनों में कोई फ़र्क़ नहीं था)
सिर्फ़ अपने अकेलेपन में सुरक्षित यह पीछे भागता रहा
और इसीलिए बचा रह सका—किंतु हम चींटियों की तरह
आदमी भी अकेला असहाय होता था
और (यद्यपि उसकी बुद्धिमत्ता सन्देह से परे है)
अकेलेपन की परिणति भय और मृत्यु में ही होगी.

मैं अपने अपराध को तनिक भी कम नहीं बताना चाहता
किन्तु महामहिम साम्राज्ञी को स्वयं आभास हो गया होगा कि
अकेलेपन और चुप्पी में भागता हुआ यह आदमी
हम चींटियों के किस काम का हो सकता था ?

दृष्टिभ्रम

ऊँघता हुआ कुत्ता कदमों की आहट पर जागा
और आसपास हलचल देखकर
अर्द्धव्यासों में हटता हुआ दूर चला गया
और नथुने उठाकर उस ओर से आनेवाली
संदिग्ध गंधों से सिहरता हुआ
बूढ़े आदमी की खाँसी की तरह भौंकता रहा. भुनगों और गुबरैलों
की परवाह न करते हुए वे झुके और थूकते हुए
गड्ढे खोदते रहे.
दूसरे दिन कुत्ते ने एक बड़ा तम्बू ज़मीन से उगा देखा.
फिर लोग आए, रंगबिरंगे, चुस्त और आश्वस्त
और उनकी मादाएँ और उनके जानवर, फिर बत्तियाँ,
भीड़ और दूकानें. रात तालियाँ बजतीं, और बाजों का शोर,
रंगीन रोशनियाँ और आकाशबान.
लेकिन भुनगे और गुबरैले बत्तियों पर लाचार हमले करते
और मैदान के उस कोने के खंडहर में दुबका हुआ कुत्ता
आवाज़ों से चौंककर उठता
और आदमी के अभ्यस्त करतब पर बजती हुई
आदमियों की तालियों की ओर नफ़रत से भौंकता हुआ
उस ओर पीठ कर सोने का उपक्रम करता.

जितने अचानक यह सब हुआ था, एक दिन वैसे ही
सब उठ भी गया. पिंजरों, गाड़ियों, बत्तियों
और अपनी मादाओं और अपने जानवरों के साथ
लोग चले गए. ख़ाली तम्बू जो किसी बड़े चीथड़े की तरह
फड़फड़ा रहा था, उठ गया. वे जो
थूकते हुए आए थे, गड्ढे पूरने के लिए वहाँ नहीं थे.
रात जब कुत्ते को लगा कि
जहाँ कल वह सब कुछ था वहाँ

अब केवल उसके दृष्टिभ्रम के आकार ही हैं
तो सशंक पंजों से वह उधर गया.
घास काली पड़ गई थी और जमीन पर
अमित्र डेरे की गंध थी. आकाश में बड़ी बत्ती की जगह
पीले चाँद को देखते हुए
कुत्ता मुँह उठाए देर तक रोता रहा.

उल्लू

नीचे शादी की रंगीन जगह पर लोग इकट्ठा हैं
एक शादी के लिए और उनकी गाड़ियाँ और औरतें हैं
इधर ऊपर चर्च के कँगूरे पर जहाँ शाम की धूप
आधे दिल से कोशिश कर रही है ठहर जाने की
अपने कोटर से असमय बाहर निकल आया उल्लू
पहले अपने सारे पर फुलाता है
और एकाध बार पूरे शरीर को झटक
गरदन मोड़कर कुछ इस तरह से सुरसुराते हुए भुनगों को ढूँढता है
कि लगता है सिर्फ़ उसका धड़ क्रॉस के नीचे बैठा हुआ है

ऊपर 'असमय' शब्द का इस्तेमाल किया गया है
किन्तु कोई नहीं जानता कि उल्लुओं का और ख़ासकर इस उल्लू का
कोटर से निकल आने का सही वक्त क्या होता है
कहावतें अक्सर असुविधापूर्ण अपवादों की उपेक्षा करती हैं
और रात के पहले इसका निकलकर वहाँ धूप में बैठ जाना
जिधर एक तरह यह ग़लत सिद्ध करता है कि वह रात में ही बाहर आता है
वहीं दूसरी तरफ़ यह भी शक पैदा करता है कि उल्लू को—
कम से कम इस उल्लू को—
डूबता हुआ सूरज देखना अच्छा लगता है
यह बात और है कि इस वक्त सूरज ऐन उसके पीछे है

पेड़ों की छत पर और भी आवाज़ें और हलचलें हैं
मसलन तोतों की बहुत तीख़ी वास्तविकतावादी चीख़ें
और उन भूरी चिड़ियों का सामूहिक मतभेद
जिनका चेहरा देर तक ब्याही या अनब्याही औरतों की तरह
नाराज़ शक्की और पैना होता है
और नीचे पादरी का सामयिक प्रवचन
और धर्मगीतों का गायन—

धूप में संगीत को न जाने क्या हो जाता है—
किन्तु उल्लू जिसकी आँखें अन्य पक्षियों की तरह कनपटियों पर न होकर
आदमी की तरह माथे के एकदम नीचे होती हैं
गर्दन घुमाकर चारों ओर देख लेता है
भरे हुए स्टेडियम में उस खिलाड़ी की तरह ऊबा हुआ
जिसकी दौड़ अभी शुरू होने को है

उल्लू को कितने रंग दिखते हैं यह बताना कठिन है
लेकिन यह मानने के सभी कारण हैं
कि गिरजाघर में शादी के रजिस्टर पर सही हो जाने के बाद
जब लोग करीब-करीब उसके नीचे से गुज़रे
तो यदि उसने उनकी पोशाकों के रंग को नहीं देखा होगा
तो उनके निर्जीव पैरों और ठहाकों को ज़रूर सुना होगा—
ऐसी कोई कहावत नहीं है जो दिन में उल्लू को बहरा भी सिद्ध करती है—
उधर हरे तोते और भूरी चिड़िया भी चुप हो गए हैं या/याने लौट गए हैं
और घिरते हुए चुप अंधकार में
उल्लू ज़रा ध्यान से दिखनेवाला एक अविश्वसनीय धब्बा है
जो अब किसी भी समय टूट सकता है
उस बिजली की तरह
जिसके लपकते हुए नाखून हैं फाड़ती हुई चोंच है और धधकती हुई आँखें हैं.

चित्तौड़ : विहंगावलोकन

संग्रामसिंह के खण्डहर महल की ध्वस्त गुम्बद पर
बैठा गिद्ध
टूरिस्ट गाड़ी को ऊपर आती देखता है.

पीछे है युद्ध का सूना मैदान. पीछे है सिंहद्वार जहाँ से चरवाहे
बकरियाँ अंदर लाते हैं.
नीचे चमकती पटरियाँ हैं. नीचे है बिजलीघर और जलघर. नीचे है फैला
सफ़ेद शहर.

नीचे और ऊपर की दूरी के लिए
जिसे तय करने गाड़ी को आधा घंटा और कुछ ईंधन चाहिए
गुम्बद के गिद्ध की एक उड़ान काफ़ी है.
लेकिन शहर के लोग उसे अपने घरों की छत पर अभी बैठने नहीं देंगे.

पंख

मरा हुआ ताज़ा कबूतर
कोलतार की सड़क पर.
जैसे वंदनीय सर्प की पीठ पर
अक्षत रखा हो. उसकी रक्ताभ आँखें
अभी भी आते-जाते पहियों को देखती हैं.

एक जंगली कबूतर की
क्या कीमत हो सकती है ? शाम तक
जहाँ लाश थी वहाँ कुछ पंख हैं
जिन्हें दुविधा में पड़ा हुआ
गाँव का कुत्ता दूर से सूँघता है.

दुःस्वप्न

पिछले दरवाज़ों के खुलने पर
वह आदर और एकतरफ़ा स्नेह से खड़ा हो जाता था
और बर्तन माँजनेवाली हों या स्लीपिंग गाउन में भद्र महिलाएँ
देखकर दुम हिलाता था
और रोटी या झिड़की
खा चुकने के बाद हटकर वहीं सो रहता था
जहाँ गुसलख़ाने और रसोईघर से आनेवाले पानी ने
कुछ दूर तक वनस्पति और नमी पैदा कर दी थी.

उनके बच्चों के लिए
वह स्कूल से जाने के पहले और लौटने पर
फुटबॉल थैला या खच्चर था
जिसे तू तू करके बुलाने के बाद
आसानी से नाक पर मारकर मज़ा लिया जा सकता था
उनकी किशोर संतानों के लिए
वह बरस में एक-दो बार बाथरूम की खिड़की से देखी गई
उत्तेजना था
जब वह किसी सस्ती मादा के प्रेम में
शर्मनाक और दुर्भाग्यपूर्ण तरीके से वाक़ई गिरफ़्तार हो जाता था
गलियारों में से गाड़ियाँ लाने ले जाने वाले मर्दों के लिए
वह एक अंतिम अड़ंगा था
ज़िसे एक दुर्घटना का रूप देकर
वे कभी-कभी नीचे लाना चाहते थे
किन्तु महिलाओं की आँखों में दया देखकर
धीरोदात्त वे उसे रोज़ नई ज़िन्दगी बख़्शते थे.

न उसके वंश-वृक्ष का पता था

और न इसका कि वह इस इलाके में कब और कैसे आया
लेकिन सारे कोठी वाले इस बात पर सहमत थे—उसे
रोटियाँ इसी की मिलती थीं—

कि इतने दिन देखते हो गए
कभी-भी उसने उनके टॉमी या लूसी से
कोई बत्तमीज़ी नहीं की
एकाध बार सूँघा हो तो सूँघा हो
जिस तरह पास के सिनेमा हॉल के लिए
हाथ-रिक्शा में बैठती हुई लड़कियों को
रिक्शेवाला अनायास सूँघता है.

अभी कल ही की बात है
जब वह अभूतपूर्व जोश और प्रेम में भरकर
पार्क में आए सभी लोगों की ओर उछल रहा था
और एक सिरे से सबको चाट रहा था
और शाम को वर्ज़िश के लिए बाहर लाए गए
अपने सजातीयों के साथ उत्साहपूर्वक
झूठमूठ लड़ाइयाँ लड़ता हुआ गिर-पड़ रहा था
तो जिन्होंने ग़ौर किया उन्होंने कहा
साला आज बड़ी मस्ती में है.

उन्हें क्या मालूम था कि जिसे वे मस्ती कह रहे थे
कल सुबह आतंक में बदल जाएगी—
रातोंरात वह क्या हो जाता है
जो कल तक अच्छे-भले एक जानवर को
ऐसा बना देता है—
और नर्सरी स्कूल की बाबागाड़ियाँ
ख़ाली लौटा दी गई होंगी
तमाम दरवाज़े बंद हो गए होंगे
फेरीवालों और डाकिये को सावधान किया जा रहा होगा
और जान हथेली तथा कनखियाँ
छज्जों और खिड़कियों पर रखे हुए जाँबाज़ नौजवान

और बंदूक से लैस स्वास्थ्य विभाग के प्रतिनिधि
उसे एक कोने में घेर कर
उसकी लरबही जीभ विस्फारित आँखों और अस्वाभाविक आवाज़ से
डरे हुए किन्तु सामूहिक कायरता की बहादुरी में सूत्रबद्ध
उसे मार रहे होंगे.

विजय के पश्चात् खेमों में लौटने पर
जब विचार का क्षण आया
तो धीरे-धीरे सब पर खुला कि उसे मार डालना
एक अमहत्त्वपूर्ण पहला कदम था
और हालाँकि अभी उसका दिमाग़ प्रयोगशाला भेजा जाएगा
और पूरी रिपोर्ट आने में देर लगेगी
अच्छा यही होगा
कि बचाव के सारे इंतज़ाम कर लिये जाएँ
कल शाम उसकी लार हर एक पर फैल चुकी थी
और सभी चाटे गए लोग और उनके पालतू
बड़े अस्पताल पहुँचे जहाँ उनके पेट उघाड़ते हुए बातूनी डाक्टर ने उन्हें बताया कि
रेबीस का कुछ पक्का नहीं है. कुछ केसेज़ में वह
छह महीने से लेकर दो बरस तक में भी हो सकता है.
एक तरफ़ तो यह तय नहीं है कि इंजैक्शन फ़ायदा भी करेंगे
दूसरी तरफ़ अगर यूँ ही लगवा लो तो
एंसेफ़ेलाइटिस का भी डर है लेकिन यह ज़रूर है कि आदमी लगवा ले.
आप लोगों का वहम भी हो सकता है
मगर एहतियात से कोई नुकसान नहीं.

गलियारों से तकलीफ़ में लौटते हुए मर्दों ने
उसे अभी-भी अपने हॉर्न पर उठकर अलग हटते हुए देखा.
दरवाज़े खोलती और लगाती औरतें
उसी जगह देखती हैं जहाँ अब सिर्फ़ हाँफती हुई सीलन
और हिलते हुए धनिये के पौधे हैं. पार्क में
शाम को बैठना कम हो गया है. रात पोर्च की बत्ती बुझाते हुए
सब बहुत ग़ौर से और देर तक अंदाज़ते हैं

ज़ंज़ीर में बँधी चमकती पालतू आँखों को
और बिस्तर पर चित लेट कर
औरतों की बेवकूफ़ी को कोसते हुए
उतरते हैं एक दुःस्वप्न में
जिसका मतलब उन्हें मालूम नहीं होता.

मुक़ाबला

एक मामूली सुबह हुए दो घंटे हो चुके थे
और वह रोज़मर्रा की सँकरी सड़क थी
जो इस विवर्ण मुहल्ले को ले जाती थी बस स्टॉप तक
जिस पर आमफ़हम मैं शहरी कदमों से चला जा रहा था
पहली बार बस्ती के बीचोंबीच बाईं ओर की
लाल चट्टानों को देखकर हैरत हुई होगी
पर अब एक ओर से कोयले के डिपो ने
और दूसरी ओर नये सी-टू टाइप क्वार्टरों ने उन्हें
घरेलू—मानसिक दृश्यालेख का एक फ़ोटोजनिक हिस्सा—बना दिया था

दाईं ओर पुलिस थाना है जिसका सब-इंस्पैक्टर
मुझे डी. आइ. जी. साहब के दोस्त के रूप में जानता है
और उस संबंध को परखने की कोशिश करता रहा है
जिससे बचने के लिए ये पचास ग़ज़
मैं ज़रा अतिरिक्त व्यस्त भाव से पार करता हूँ
विपरीत दिशा में स्थित चीज़ों पर
बहुत पैने ढंग से ग़ौर करता हुआ

सड़क पर अकेला ही रहा होऊँगा कि चट्टानों की संधियों से
पहले एक छोटा पत्थर कुछ लुढ़का
सूखी पत्तियों से खड़-खड़ की वह विशिष्ट आवाज़ हुई
चट्टानों के पास की भूरी ज़मीन का टुकड़ा ही चलता नज़र आया
लेकिन एक लम्बी-चपटी खोपड़ी चार पैर ज़मीन से चिपके हुए
पंजों वाले और एक लम्बी दुम सड़क पर आते-आते
साफ़ हो गए थे जो सड़क पार करने का संकल्प कर चुके थे

किसी पुरानी फ़िल्म में देखा था हाथ से ज़हरमोहरे को गिरते हुए
जिससे चीज़ों का ध्वंस होता है और दिवंगत पुरखों की दुनिया निकल आती है

मेरे हाथ से कोई दीवाल घड़ी जितनी मणि नहीं गिरी
लेकिन चट्टानें हिलने लगीं और ऊँची होती गईं
शहर नहीं था कोई शहर नहीं था दोपाया भी नहीं
असंभव वनस्पतियाँ थीं सैंकड़ों बारिशों से जंगलों में बदली हुईं
सुदूर उत्तर में हिमालय बन चुका था
ऊपर उड़ रही थी टैरोडैक्टिल
और नीचे अरावली की सीमा से टकराते हुए समुद्र के कीचड़ में था वह
जो अभी उतरा था
टिरैनोसॉरस रैक्स—जूरासिक युग का निर्विवाद प्राणिपति—
अपनी साढ़े तेरह करोड़ वर्ष पुरानी हिंस्र गरिमा में स्थावर-जंगम को
मंत्रविद्ध करता हुआ

सड़क तक आते-आते ही उसने मुझे देख लिया था
और उसकी आँख मुझे अपलक देख रही थी
मैं जो उससे तेरह सौ लाख वर्ष बाद में आया
उसने शायद इससे पहले ऐसी कोई चीज़ नहीं देखी थी
किन्तु उसकी संभ्रांत आँखें अपने अचरज को
एक सतर्क किन्तु संपृक्त लक्ष्यबद्धता से ढके हुए थीं
उसने बिल्कुल जल्दी नहीं की वह अपनी चड़मड़ करती हुई खाल
चपटे सिर बारीक जीभ जो युगों की आदत से बाहर-भीतर सरसराती थी
और चार फुट भूरे शरीर के बावजूद
अपनी शैली को आतंक से फूहड़ नहीं होने दे रहा था

सरीसृपों से मुझे विशेष लगाव नहीं है
क़िलों पर कमंद लगाने के लिए ही उनका इस्तेमाल सुन रखा है
फिर भी लगा कि मुझे उसे रोकना चाहिए और कहना चाहिए
करोड़ों वर्षों पर सरकते हुए घटते हुए तुम आज यहाँ हो
और पीछे ही हटते जा रहे हो
और शायद आज भी चट्टानों की उस ओर
विकास विभाग के कुदालों ने तुम्हें अंतिम चेतावनी दे दी है
और तुम जा रहे हो थाने के पीछेवाली चट्टानों में जगह ढूँढने
लेकिन वहाँ भी पुलिस लाइन के क्वार्टर बनेंगे यह तुम नहीं जानते
तुम मुझसे नहीं डरते यह अच्छा है
तुम्हारी आँखों ने देख ही लिया है कि न मैं संत जॉर्ज हूँ और न कृष्ण

और मैं आश्वस्त हूँ कि तुम न अज़दहे हो न अघासुर
लेकिन प्लायोसीन युग में एक भय-मिश्रित मृत्यु
पत्थर लिए तुम्हारा इन्तज़ार कर रही है शहर में
अगर तुम जंगल में मारे जाते तो तुम्हारा माँस आदमी का ख़ून बनता
और तुम्हारा चाम अगले साल मढ़ई के डफ में बजता
और अपना वह मारा जाना शायद तुम समझते

लेकिन आदमी और सरीसृप के बीच न पहले कभी बातचीत हुई
और न इस सुबह जल्दी में जाते आदमी और सरीसृप के बीच
उसकी कल्पना की जा सकती थी
किन्तु मेरे उसके पास आते-आते और सूखे नाले के पास पहुँचकर
उसके खो जाने के पहले
जब आख़िरी बार मैंने उसे एकटक अपनी आँखों में देखते देखा
तो मुझे पूरा विश्वास था कि उसने मुझे सुन लिया है
उसकी निगाह कुछ कोमल थी पर उसके पीछे का संकल्प
साफ़ कह रहा था कि मुझे तुम्हारी चेतावनी नहीं चाहिए
मैंने इन करोड़ों वर्षों में बहुत कुछ बदलते देखा है
यह शरीर यूँ ही चट्टानों के रंग का नहीं है
लेकिन जो कुछ मेरे अन्दर है और जिसे मैं नहीं समझता
मैं उसकी शर्तों पर जिया हूँ
यदि मैंने मारकर खाया है तो मेरे पास भी इसका विकल्प नहीं था
मैं भाग नहीं रहा हूँ बल्कि जगह और शायद ख़ुद को बदल रहा हूँ
लेकिन जब यह सड़क यह खोदने की आवाज़ें और यह तुम नहीं होगे
शायद यह चट्टानें होंगी—कहीं न कहीं चट्टानें जरूर होंगी—
जिनमें से मैं फिर निकल रहा हूँगा
जिसे तुम पुलिस थाना कहते हो उस समेत जो तुम्हारा शहर है
हजारों खुरंडों के नीचे कोयला बन रहा होगा
जिसे हमारे पंजे बरसों भी कुतूहलवश खोदते रहें पर नहीं निकाल पाएँगे

उसके बाद उन कम होती हुई चट्टानों से गुज़रा हूँ कई बार
हमेशा मेरी निगाह उन पर ठहरी है
सब-इंसपैक्टर से बचने के लिए नहीं
क्योंकि मेरे दोस्त डी. आइ. जी. शहर से तब्दील हो चुके हैं
इसलिए कि वे अब कुछ बदल रही हैं

उनमें से जो गर्मी निकलती है
उसमें एक भूरी सरसराहट शामिल है
मेरी रीढ़ की हड्डी जानती है कि आसपास ही कहीं दो आँखें हैं
जो यह सब देख रही हैं अपलक धैर्य से.

लड़की

करुणान्ध माँ और कायर पिता के बारे में
सोचती हुई लड़की
जब घर से निकलती है
तो उसे जान-बूझकर सपाट बनाए गए
अपने सीने का पश्चात्ताप
नहीं
पड़ोसियों के अधसिले कपड़ों का ख़याल रहता है

और जब वह लौटती है
सिर्फ़ खड़े हुए वृक्षों की आर्त छायाओं में
धूल के खिन्न वलयों को प्रेरित करती हुई
तब दफ़्तर की अश्लीलताओं को उतारकर टाँगती है अरगनी पर
कल के लिए
और रात गए लालटेन की कसैली रोशनी में
खोजती है पुरानी किताबों के बीच
एक पीला ख़त.

वह

अस्तित्व के अंधकूप में
न जाने क्या देखती हुई वह हँसती है
फिर किसी आदिम त्रासदी के दुःख से आक्रान्त
रोने लगती है
और अपने वयस्क अज्ञान की भयावहता में
हम थरति रह जाते हैं

और वह
अपने मस्तिष्क के किसी अँधियारे कोने के
एक सहस्रकोण कमरे में बैठी
अपनी दुनिया को रहस्याकारों से बसाती हुई
खिलखिलाती रहती है
और रहस्यों को न समझनेवाले हमारे पार्थिव शरीरों पर
काँटे उभर आते हैं.

कोमल

किस स्थानीय मसखरे ने
उसे ख़ुद को कोमल गाँडू कहना सिखा दिया था
यह एक रहस्य है
लेकिन अब उसे किसी और नाम से पुकारना अजीब लगता था
कई बार मुहल्ले की संभ्रान्त महिलाएँ भी
उस पर कोई फुटकर दया करते समय
उसे इसी नाम से अनायास पुकार देतीं
और फिर कई दिनों तक
अपनी ज़ुबान दाँतों के नीचे रख आपस में खिसखिसाया करती थीं.

अपने विधुर पिता मुंशीजी और छोटे भाइयों के लिए
वह अनिर्वचनीय दैनंदिन लज्जा का कारण था—
अक्सर वे अपने काम से
घर पर ताला डालकर चल देते थे
और गलियों-बाज़ारों से वह लौटता, थका हुआ और ख़ुश,
तो देर तक दरवाज़े के पास बैठे रहने के बाद
जब भरे-पूरे शरीर की भूख उसके दिमाग़ तक पहुँचती
तो किसी भी घर के सामने
वह सपरिचय रोटी के लिए पुकारता
जो शीघ्र ही मिल जाती—उसे अपने प्रभाव का पता न था
किन्तु जवान होती हुई लड़कियों के उस इलाके में
कौन अपने दरवाजे पर बार-बार वह बेलौस नाम सुनना चाहता.

जहाँ मरियल लड़कों और नुक्कड़-नौजवानों का मनोरंजन
उस मानव रीछ को नचाने-गवाने
और सारा वैविध्य समाप्त हो जाने के बाद रुलाने का था
(विचित्र आनंददायक भाँ-भाँ रुदन था उसका)
वहाँ वह नितांत मित्रहीन भी नहीं था. लोगों ने

उसे राममंदिर में हमेशा औंधे पड़े रहनेवाले कबरबिज्जू से
और चुड़ैल समझी जानेवाली सत्तर वर्षीया भूतपूर्व दहीवाली से भी
लम्बी बातें करते हुए देखा था
जो दोनों के बीच रोमांस और शादी (मज़ाक़, भारतीय शैली)
की अफ़वाहों के बावजूद
उसे बेटा कहती थी.
अपनी क़िस्म के लोगों की तरह
अरसे तक ग़ायब रहने की आदत
हमारे चरितनायक की भी थी लेकिन
अबकी बार जब वह लौटा
तो दरवाज़े पर कई दिन बैठने के बाद भी ताला नहीं खुला
और लोगों ने भरसक उसे समझाया
कि मुंशीजी और उसके भाई मकान और शहर छोड़कर चले गए
लेकिन वह ख़ुश होता हुआ उनकी तरफ देखता रहा
फिर कुछ दिनों तक लगातार
क़बरबिज्जू तथा दहीवाली से गुप्त मंत्रणाएँ करता रहा
और इसके-उसके चबूतरे पर सोने की खुली कोशिशें. जब
मकान में वाकई असहिष्णु दूसरे रहनेवाले आ गए
तो वह अदृश्य हो गया.

यहाँ से तथ्यों का दामन छूटता है.
गृहस्थों की याददाश्त कमज़ोर होती है किन्तु कल्पनाशीलता तेज—
कबरबिज्जू और दहीवाली कहाँ चले गए
यह पूछें तो जानकारियों के अनेक संस्करण मिलेंगे.
और जिसके वे दोनों एकमात्र मित्र थे
वह कभी सिवनी, कभी नागपुर, कभी एक ही समय में
अलग-अलग तीरथों (और अगर हरनारायन वकील के लड़के
बैजनाथ पर विश्वास किया जाए तो बम्बई तक) में
देखा गया. जहाँ तक मुहल्ले के आम लोगों का सवाल है
उनमें काली माई के इष्टवाली [illegible]मनाबाई का सपना ही
ज़्यादा स्वीकृत हुआ है
जिसमें दिखा था कि कबरबिज्जू ने, जो असल में
एक मालगुजार था जिस पर सराप था,
वापस गाँव जाके जमीन-जायदाद जो थी सो गरीबों में बाँट दी

और साधू हो गया
दहीवाली बुढ़िया जो बिना बताए बरसों से बरत रखती थी
मैया की सिद्धी पाके सीधी सुरग चली गई
और गेरुआ अँगरखा पहने लाल-लाल आँखोंवाला एक जोगी
जो आके ग्यान और करम की बातें कर रहा था
वह अपना कोमल गाँडू था.

दोस्त

एक नौजवान पुलिस सब-इंस्पैक्टर से दोस्ती करो.
तुम देखोगे कि यह कठिन नहीं है—अपने सिद्धान्तों की रक्षा करते हुए भी
यह संभव है. तुम पाओगे कि तुम्हारी ही तरह
वह गेहुँआ और छरहरा है, उसे टोपी लगाना और वर्दी पहनना
पसंद नहीं है
और वह होस्टलों, पिकनिकों और बचपन के क़िस्से सुनाता है—
तुम्हें इसका भी पता चलेगा कि उसने सर्किल इंस्पैक्टर से कह कर
अपनी ड्यूटी वहाँ लगा ली है जहाँ लड़कियों के कालिज हैं
और हरचन्द कोशिश करता है कि बुश्शर्ट पहनकर वहाँ जाए
और रोज़ संयोगवश बीच रास्ते में उसी स्पैशल को रुकवाकर बैठे
जिसमें नौजवान गर्म शरीर सुबह पढ़ने पहुँचते हैं. उससे हाथ मिलाने पर
तुम्हें उसकी करीब-करीब लड़कीनुमा कोमलता पर आश्चर्य होगा.
ज़िला सरहद पर
तैनात किए जाने से पहले एकाध बियर के बाद
जब वह अपनी किशोर आवाज़ में
दो आरज़ू में कट गए दो इंतज़ार में नुमा कोई चीज़ पढ़ेगा
तो तुम कहोगे—कुछ भी कहो, तुम इस लाइन में ग़लत फँस गए हो.

लेकिन दो तीन-बरस बाद तुम अचानक पहचानोगे
कि सड़क जहाँ पर रस्से लगाकर बंद कर दी गई है
और लोग साइकिलों पर से उतरकर जल्दी-जल्दी जा रहे हैं
और तमाशबीनों की क़िस्तों को बार-बार तितर-बितर किया जा रहा है
पास ही की दूकान से बैंच उठवा कर वह वर्दी में बैठा हुआ है
टेबिल पर टोपी और पैर रखकर.
तुम कहोगे कि उसकी हैल्थ शानदार हो गई है
जबकि ऊपर उठ आए गालों के ऊपर स्याह हलक़े पड़ गए हैं
और पेट और पुट्ठों के अप्रत्याशित उभारों पर कसी हुई पोशाक में
वह यत्नपूर्वक साँस ले रहा है. उसकी बग़लें

कलफ़ और पसीने से चिपचिपा रही हैं
और माचिस की सींक से दाँत कुरेदते हुए वह
उसे बार-बार नाक की तरफ़ ले जा रहा है. सियासत
और बड़े लोगों की रंगीन रातों की कुछ अत्यंत
गोपनीय बातें बताते हुए वह उस समय एकाएक चुप हो जाता है
जब सड़क के उस ओर दूर पर भीड़नुमा
कुछ नज़र आता है
और मेहनत के साथ वह उठते हुए कहता है
अच्छा, अब तुम बढ़ लो, ये मादरचोद आ रहे हैं.
शाम रात में बदल रही होती है जब तुम मुड़कर देखते हो.
कि वह तुम्हें बिल्कुल भूल चुका है
पेट से निकली हुई गैस या दाँत से निकले हुए रेशे की तरह
और कुछ कह रहा है
पिछले हफ़्ते धुली हुई वर्दियों में तैनात एक से चेहरेवाले अपने मातहतों से
जिनके हाथों में बाँस के हथियार कभी-कभी काँपते हैं
उस एरियल की तरह
जो दाईं ओर कुछ दूर उस पेड़ के नीचे अदृश्य होने की कोशिश करती हुई
नीली मोटर पर हिलता है.

एक चीज़ के लिए

प्रत्येक पुरागाथा-स्थिति में मैंने अपनी कल्पना की है
शुरूआत में सब कुछ ठीक रहता है
फिर जब मैं अमर्ष में भरकर अपना माथा झटकता हूँ
तो फूटे अलूमीनियम की ढनढनाहट के साथ
मेरा मुकुट विग को लिये-दिये भरी सभा में गिरता है
मेरे आदेश पर पहरेदार एक-दूसरे की तरफ़ देखते हुए
नाक छिनकने लगते हैं या पेशाब करने चले जाते हैं
और जिरहबख़्तर के नीचे अंडकोश पर चलती हुई चींटी को
राजमहिलाओं की उपस्थिति में न मसलने को मजबूर
एक जाँघ को दूसरी जाँघ पर रखते हुए मैं
अपने मालिश वाले की सेवाओं का स्मरण करता हूँ
जो मेरे अंदर तक के सुख दुख का साथी है

बतलाओ क्या हो जाता है
बलवे राज्यक्रांति और सत्ता-परिवर्तन के बाद
मैं पूछता हूँ राजचित्रकार द्वारा 'उकेरे गये' उस युवा अक्स से
उकड़ूँ बैठने से क्यों फूहड़ हो जाते हैं परिधान
क्यों टूट जाती हैं ध्वजाएँ इरादों की
एक धोखे से दूसरे धोखे के बीच वाले अंतराल में
लोग क्यों इस कदर लोमहर्षित होते हैं और सरासर आमंत्रित करते हैं
और फिर वही माँगते हैं एक नया सिर और आदर्शवाक्य
सभासद क्यों बैठते हैं दीवार से लगी अँधेरी कुर्सियों पर
कौन ऐन मौके पर काट देता है तार लाउडस्पीकरों के
मेरे चेहरे वाले डाक टिकट क्यों नहीं चिपकाते बच्चे अब कापियों में
हथेली पर घिसकर मेरे सिक्कों को बस कन्डक्टर क्यों लौटाता है

क्या इसी तरह लौटा जा सकता है समय में
एक निरंतर प्रचलित क्षण बन सकने के लिए—

इतिहास में या तो सतृष्ण मृत्यु है या विस्फारित हत्याकांड
मैं नहीं चाहता अब उठाईगीर के बाद व्यवस्थापक रहना—
किन्तु गैलरी में महिलाएँ आँखों पर रूमाल ढके हुए
प्रतीक्षा में हैं कि ठहरा हुआ हाथ नीचे आए
और कुछ नया हो
उनके ऋतुमती होने से पहले

उस और इस क्षण के बीच सिर्फ़ स्मरण ही कर सकता हूँ
जब एक चीज़ के लिए मेरा सब नहीं छीना गया था—
रंग देखने के लिए आँखें
धरती के घूमने और घूमने के बीच की गंध
और औरत के साथ सोने की स्वस्थ इच्छा—
दूसरे चेहरों के पसीने को हाथ के विरल बालों में
और मसूढ़ों से दबाए गए अपने अँगूठे को महसूस करते हुए
मैं रोज़ जाता था
एक व्याख्याहीन पशु को लड़ाई की अगली क़िस्त चुकाने—
झाड़फानूस के नीचे पदचापों के दुःस्वप्न देखना
तब तक मेरा व्यवसाय नहीं बना था.

कार्यकर्त्ता

काली बाँहों से माथे का पसीना पोंछते हुए
वह उतरा और कार के रास्ते से साइकिल को अलग खड़ी करता हुआ
बाँस की डंडियों और झण्डों को कैरियर से उतारने लगा.

अपने-अपने काम पर जाने से पहले
एक झण्डा नीचे लैटर बाक्स के पास और दूसरा
जहाँ खन्ना कॉटेज लिखा है बिल्कुल उसके ऊपर लग जाए
इसका सबको इन्तज़ार था.
खाने की मेज पर पड़ा लड़का
लेट दफ़्तर जाने के
दैनिक विलास में अधमुँदी आँखों से
पिता के सनक जाने के इस प्रमाण को देखता रहा.
सिर्फ़ लड़की ने इकेबाना क्लास के लिए उठते हुए कहा,
'वुड यू एवर ग्रो अप, पापा'
जिसमें 'एवर' पर ज़ोर था.

बग़ल और गरदन से उठनेवाली बू पर उसका कोई अख़्तियार नहीं था
लेकिन कोने में अदृश्य खड़े रहकर
उसने सबको खाना खा लेने दिया. वह सिर्फ़ बच्चों को
दिख रहा था जो
जब वह छत पर चढ़ा तो 'ऐ झण्डेवाले, इधर नहीं, उधर' वगैरह
कहते रहे. दीवार फाँद वापस चाँदनी पर आकर
उसने देखा कि खीले में फँसने से पैर के पास पजामा फट गया है
और जल्दी में चप्पलें वहीं रह गई हैं.
नीचे आने तक
बचे हुए बाँस और झण्डे ले जाए जा चुके थे
और हँसते हुए उसने खन्ना साहब को
बाबालोग के शरारती स्वभाव के बारे में बताया

जिन्होंने ज़ोर से एक बार 'हरामज़ादे के बच्चों' कहा
और सारा सामान बरामद करवा दिया.

वह बाहर पोर्च में रुका. गाड़ी निकाली जा रही थी
इसलिए एक तरफ़ खड़े होकर
उसने थैली में से कुछ निकाला और दीवार की तरफ मुँह करके
खाता रहा. फिर अन्दर जाकर पूछा—
'माताजी, नल आ रहा है ?'
हाथ के इशारे को समझ कर वह आँगन की टोंटी पर झुक गया
और हथेलियाँ सुखाकर 'आह' कहने के बाद बोला
'झण्डियाँ बढ़िया लहरा रही हैं. दूसरेवालों को
दूर से ही दिखेंगी. परसों प्रागदत्तजी गाड़ी लेकर खुद आएँगे.'
माताजी रसोईघर में जा चुकी थीं और साहब जूते साफ़ करवा रहे थे
इसलिए जवाब नहीं दिया जा सका.

हाथ जोड़ने के बाद वह सड़क पर आया.
दोनों झण्डे लगे हुए वाकई फड़फड़ा रहे थे.
साइकिल की गर्म सीट पर बैठते हुए
डंडे के सहारे जाँघों के नीचे फँसे हुए बाँसों को
वह मन ही मन गिन रहा था
और सोच रहा था कि अभी
तीन कोठियों का काम बाकी है
जिनमें से एक के दरवाज़े पर 'कुत्ते से होशियार' लिखा हुआ है.

देर से आने वाले लोग

ढाबे में देर से आने वाले लोग
कोने में मोरी के पास राख से जूठी थाली-कटोरियाँ
माँजते हुए बर्तनवाले के हाथ की मंद
और काम ख़त्म होने की राहत वाली लय पर
सिर नीचा किए सीढ़ियाँ चढ़ते हैं
और वैसे ही प्रत्याशित 'आह' बग़ैर बैठ जाते हैं

रात साढ़े दस बजे सारी गाड़ियाँ
आ-जा चुकी होती हैं और चारों रसोइये चौक से बाहर
पाटों पर अधलेटे हुए या तो शरीर के विभिन्न जोड़ खुजाते हैं
या कानों के पीछे अटकाई हुई बीड़ियाँ
या तकियों के नीचे दबी सचित्र पुस्तकें निकालते हैं

ढाबे में देर से आए हुए लोग
जितनी कुर्सी टेबिलें अभी लगी हुई बची हैं
उन पर बैठे इन्तज़ार करते हैं
और कोई एक परोसगार भुनभुनाता हुआ उठता है
और दो घंटे पहले से लगी हुई थालियाँ
उनके सामने सायास रखता है
वे आँखें उठाकर न परोसगार को देखते हैं और न थाली में—
बस हाँफती हुई उँगलियाँ कौर तोड़ती और बनाती और मुँह तक ले जाती हैं

उन्होंने कई बार आलुओं से माचिस की तीलियों को
और थालियों के किनारे चिपकी हुई
सूखी दाल सरीखी किसी चीज़ को निकाला है
बर्तन वाले को वहीं पेशाब के लिए झुकते
और बड़े रसोइए को उस नए नेपाली लड़के को गोद में बैठा कर
प्यार करने की कोशिश करते हुए देखा है

किन्तु यह सभी जानते हैं
कि ढाबे में देर से आने वाले ये लोग कुछ नहीं कहते

ढाबे में देर से आने वाले ये लोग परिचय बिना
एक-दूसरे को जानते हैं इसलिए एक मौन संधि में भोजन करते हैं
यदि भूल से आँखें मिल भी जाती हैं तो न उनमें पहचान की चमक
हिलती है और न अभिवादन के लिए हाथ या सिर
खा चुकने के बाद जब वे नल पर पहुँचते हैं तो उनके बीच आज के खाने
दुनिया तकदीर घर वगैरह पर वह चर्चा नहीं होती
जो वक़्त से आनेवालों में कुल्ले ख़ख़ार और डकार के दर्म्यान
खड़े-खड़े होती है

ये लोग कौन हैं यह बताना मुश्किल है
शायद सेठ को ही धुँधली तौर पर कुछ अंदाज़ है
लेकिन वह इतना पक्का जानता है कि इन्हीं की वजह से
उसे महीने-भर दोनों वक्त ढाबे के बन्द होने तक बैठना पड़ता है
जो जाते-जाते
उससे धीमे इज़्ज़तदार स्वर में बात करते हैं
और वह सामने फक़ीरचन्द डाक्टर की डिस्पेन्सरी तक पहुँचने वाली
आजिज़ आवाज़ में इनसे पेश आता है

ढाबे में देर से आने वाले ये लोग
जब उतरते हैं तो बावजूद इसके कि वे
अपनी ऊँचाई के कुछ इंच ऊपर ही छोड़ आते हैं सिर झुकाए नीचे आते हैं
उनके ऊपरी ओठ पर पसीने की हल्की लकीर होती है ठंड में भी
और नीचे अगर सड़क सुनसान हो तो भी
वे आसपास नहीं देखते क्योंकि उन्हें मालूम है
कि ज़ीने से लगकर बैठा हुआ पानवाला उनकी ओर
जानकार निगाहों से निर्निमेष देख रहा होगा
और उनकी गंध अगर लग गई
तो ऊँघते हुए कुत्ते जागकर देर तक भूँकते रहेंगे.

दूरबीन

पुरानी चीज़ों की दूकान के जँगले के पास
मुड़कर खड़ा हुआ बूढ़ा
दूरबीन बेच रहा है.

'बेच रहा है' कहना शायद ग़लत है
वह सिर्फ़ हाथ में दूरबीन लिए खड़ा हुआ है
और हर नए देखने वाले के आने पर थोड़ा हिलता है
बस इतना कि उस संभावित ग्राहक को
वह और उसके हाथ में लटकी दूरबीन दिख जाए

जो टिकाऊ और भारी है—पुरानी, उपयोगी चीज़ों की तरह,
भले ही उसका पट्टा समय की दीमकों ने इधर-उधर से कुतर लिया है
और ख़ुद दूरबीन भी उन जगहों से पीली पड़ गई है
जहाँ देखते समय उस पर अँगुलियाँ होती हैं और भौंहें. ज़ाहिर है
उसका ख़ासा इस्तेमाल हुआ है.

बचपन. चिड़ियों की उड़ान. क्षितिज पर रेलगाड़ी. भागते ख़रगोशों की लाल आँखें.
गर्मियों में पहाड़ों का हरा मखमल. साइकिल पर ढलान से उतरती हुई वह लड़की.
अलग-अलग फ़ौज़ों के सिपाही और बख़्तरबन्द वाहन.
सन्नाटे में देखी गई मौत.
इस पितलाई हुई चीज़ के ज़रिए खींचे गए
दिमाग़ के धुँधलाते अलबम में ज़र्द पड़ते हुए ये चित्र
बिकाऊ नहीं हैं.

सिर्फ़ दूरबीन बिकाऊ है. जाले पड़ी हुई आँखों के लिए
अब वह शग़ल नहीं तकलीफ़ है और पैन्शन के इन दिनों में

सिर्फ़ एक वज़न पुराने काग़ज़ात को हवा से बचाने के लिए
जो अँगुलियों से छूट भी सकता है. इस समय
जबकि जितना जो-कुछ सहेजा था उससे निस्पृह होने का वक्त है
पुरानी चीज़ों की दूकान के जँगले के पास
मुड़कर इन्तज़ार में खड़ा हुआ बूढ़ा
महज़ चुप हरकतों से जो बेच रहा है
वह एक पुरानी चीज़ और ज़िंदगी के हिस्से के बीच स्पंदित कुछ है
दूरबीन वह हो या न हो.

वापस

सफ़ेद मूँछें सिर पर उतने ही सफ़ेद छोटे-छोटे बाल
बूढ़े दुबले झुर्रीदार बदन पर मैली धोती और बनियान
चेहरा बिल्कुल वैसा जैसा अस्सी प्रतिशत भारतवासियों का
शहर के बीच सिनेमा के पास वह
ज़मीन पर नक्शे, बायोलॉजी, गणित और बारहखड़ी के चार्ट बेच रहा है

नक्शे और चार्ट काफी जगह घेरते हैं
बूढ़े का उन तक हाथ नहीं पहुँचता
इसलिए उसके पास एक लड़की है दस-ग्यारह बरस की
घरेलू लड़कियों की तरह दुबली बड़ी-बड़ी सहमी सफ़ेद आँखों
लेकिन सहज मुस्कानवाली
वह उसकी नातिन है या धेवती नहीं कहा जा सकता
मगर इतवार का दिन है और तय है कि उसका दिल
खेलों और सहेलियों को याद कर रहा होगा

बूढ़ा उसे ग्राहकों की फ़रमाइश पर
इस नक्शे या उस चार्ट को दिखाने को कहता है
यह नहीं कि नक्शों में लड़की की कोई दिलचस्पी नहीं है
लेकिन आदमी औरतों की माँसपेशियों और शिराओंवाले
बायोलॉजी के चार्टों को दिखाते हुए
वह खुद उन्हें देखने में शामिल हो जाती है
आसपास रूमाल, कमीज, टेरीकॉट, सॉफ़्टी
और लॉटरी बेचनेवालों का शोर है
भीड़ उसी तरफ ज़्यादा है लेकिन ऐसे लोग भी हैं
जो बूढ़े के नक्शों और चार्टों में दिलचस्पी रखते हैं

क्या हरयाना का नक्शा रखते हो ?
इंडिया का रेलवे मैप होगा ?

फीमेल एनॉटमी का इन-डैप्थ चार्ट है क्या
कालेज के दो लड़के हँसकर पूछते हैं
एक विदेशी लड़की को शहर का नक्शा मिल गया है
वह मुस्करा कर एक जगह उँगली रखकर मित्र से कहती है
वी आर हियर और कुछ समझकर
छोटी लड़की पंजों के बल खड़ी होकर देखती है कि उसकी दुकान कहाँ है

दोपहर के तीन बज रहे हैं
कि दूर नुक्कड़ से जैसे किसी आँधी में बुहारे गए
रूमाल, पैन, चश्में, टेरीकॉट और अंडरवियर वाले
अपनी-अपनी गठरियाँ उठाये इस तरफ भागते हुए आते हैं
मुनिस्पल कमेटी का उड़नदस्ता आ गया है
इन ग़ैरक़ानूनी दुकानों को पकड़ने के लिए

दोनों भागते हैं अपनी दुकान लिए सिनेमाघर के पीछे
कई नक्शे और चार्ट फिर भी पीछे छूट गए हैं
उड़नदस्ते के सिपाही और इंस्पैक्टर उन्हें अपने कब्जे में लेते हैं
शहर सूबे मुल्क और संसार
और मर्दों और औरतों के शरीरों की बनावट के चार्ट
जब्त कर लिए जाते हैं एक गठरी में
और जब दबिश खत्म होती है और कारिंदे ट्रक में बैठकर लौटते हैं
तब उन्हें एक-दूसरे को दिखाते हैं

बूढ़ा और लड़की अपने आश्रय से गर्दन बाहर निकालते हैं
वह लड़की को भेजता है कि देखकर आए
वह लौटकर बताती है कि थोड़ा-सा माल सड़क पर उड़ा पड़ा है
सरकार कमेटी और दुनिया को गालियाँ बकता हुआ
बूढ़ा चादर लिए लौटता है अपने ठिये पर
गाहक फिर आ रहे हैं
कुछ चीज़ें ऐसी हैं तमाम चीज़ों के बावजूद जिनकी ज़रूरत नहीं बदलती
जैसे नक्शे इबारत गिनती और आदमी के शरीर की बनावट की तस्वीरें
जिन्हें बूढ़ा और लड़की फिर बेच रहे हैं
वापस अपने नक्शे में अपनी जगह पर

कूकर

कभी-कभी सोचता हूँ क्या हमेशा झीकूँगा लड़ पाऊँगा इस तरह
कब तक बना रहूँगा संभ्रान्त नज़रों में एक अवांछित कमीना या ख़तरनाक
  विदूषक
कब तक ड्राइंग रूमों में मेरे घुसने पर लोग होते रहेंगे चुप और व्यस्त
कब तक मेरी आवाज़ सुनकर टेलीफ़ोन रखे जाते रहेंगे
सूचियों में मेरे नाम के आगे ग़लत या प्रश्न का निशान लगाया जाता रहेगा

सोचता तो हूँ कि क्या मैंने ठेका ले रखा है अपने दंभ की आत्मकेन्द्रीयता में
अपना जीवन सिर्फ़ अपनी शर्तों पर जीने का
जिसे मैं सही समझता हूँ मजमे में वही बात कह देने का
इस तरह से क्या बहुत बड़ा हासिल हो गया है मुझे अब तक
न पद न पैसा न यश न सुख
कुछ लोग यही पाने के लिए स्वाँग भरते हैं और आसानी से पा जाते हैं
यहाँ यह हाल है कि कोई शुभचिन्तक मित्र भी पूरा का पूरा अपना नहीं
मेरा ज़िक्र आने पर वे या तो चुप रहते हैं
या आधे दिल से विहँस कर पैरवी करते हैं या बात बदलने का यत्न

नहीं यह आत्मदया नहीं है और न पछतावा है
उद्दंडता या बेवकूफ़ी या अहम्मन्यता इसे भले ही कह लिया जाए
मैं जैसा हूँ वैसा हूँ और वैसा ही पैदा हुआ होऊँगा
शरारत शुरू में ही कहीं हो चुकी थी मेरे साथ और अब लाचार हूँ
मैं जो कुछ करता रहा हूँ और करूँगा
उस पर सब कुछ सोचते हुए भी कोई वश मेरा नहीं है
जानते हुए कि अंत में यह सब अकारथ है और हास्यास्पद भी
मैं यह नहीं कहता कि मैं जैसा हूँ मुझे वैसा ही स्वीकार किया जाए
मैं सिर्फ़ आगाह कर देना चाहता हूँ कि मुझसे दूर रहा जाए
दरख़ास्त करता हूँ कि मुझे
बेवकूफ़ या किसी और के खेल में शामिल होने वाला

कायर या शोहदा न समझा जाए

मैं अपने नियमों से अपना खेल अकेले ही खेल लूँगा
इस उम्मीद में कि दिमाग़ में जो एक कील सी गड़ी हुई है
और दिल में जो कड़वाहट है वह वैसी-सी रहेगी अंत तक
कबीर निराला मुक्तिबोध के नाम का जाप आजकल शातिरों और जाहिलों में जारी है
उन पागल संतों के कहीं भी निकट न आता हुआ सिर्फ़ उनकी जूठन पर पला
छोटे मुँह इस बड़ी बात पर भी उनसे क्षमा माँगता हुआ
मैं हूँ उनके जूतों की निगरानी करने को अपने ख़ून में
अपना धर्म समझता हुआ भूँकता हुआ.

गूँगा

वह एक छोटा कौआ है जो अभी उड़ना सीख नहीं पाया है
घिरा हुआ और घबराया हुआ
उसके काले पंख कुछ कम काले हैं मटमैला शरीर कुछ ज़्यादा उजला
वह लँगड़ाता हुआ फुदक रहा है
और चीख़ने के लिए जब चोंच खोलता है तो वह लाल है अंदर से

लड़कों ने उस पर पत्थर फेंके हैं
और वह फड़फड़ाकर यहाँ-वहाँ असफलता से घुसा है
ऊपर मँडराते हुए कौओं का और नीचे पिछवाड़े बँधे हुए कुत्तों का
शोर इतना तेज़ है
कि घबराई हुई माँएँ निकल आती हैं घरों के पीछे
और डरी हुई रोकती हैं लड़कों को उसे मारने से

गूँगे की माँ नहीं है अभी कि उसे रोके
वह लपककर छोटे कौए को हाथों में पकड़ लेता है
और आतंकित और उत्तेजित लड़कों और औरतों के बीच से
भाग जाता है लोहे के अपने दरवाज़े की तरफ़
लड़कों का झुंड उसके पीछे है
और कौए शोर करते हुए उसके साथ उड़ते हैं

गूँगे के हाथ की पकड़ भरपूर है
छोटा कौआ पहले उसे आश्रय समझा होगा
किंतु अब वह असहायता और आतंक की अंतिम दशा में है
पाँच अँगुलियों में कसा हुआ चुपचाप
गूँगे की आँखें देखती हैं कौए की आँख में
कौए का गरम जिस्म और घबराया हुआ दिल
धड़कता है उसकी गिरफ़्त में और जब भी
वह हिलता है तो गूँगा उसे मारता है सिर पर

झटके और वार के कारण कौए की चोंच खुलती है
जिसका अंदरूनी रंग गूँगे के मसूढ़ों की तरह लाल है

नीचे मँडराते हुए कौओं से बचकर
गूँगा छिपा हुआ है कोठी के गैराज में
छोटे कौए को हाथ में लिये हुए
उसे कुछ देर तक देख-देखकर मारता हुआ या अपने तईं पुचकारता हुआ
और कौआ अब बहुत चुप है
यदि उसे दिमाग़ मिला होता
जो गूँगे से भी छीन लिया गया था दस बरस पहले
तो इस वक्त वह शायद सोचता
कि यह किसके क्या किए की सज़ा कौन उसे दे रहा है

लड़के इकट्ठा हैं लोहे के दरवाज़े के पास
उड़ते हुए कौओं के मँडराने और शोर में कुछ परेशानी है
गूँगे के हाथ के छोटे कौए ने
अब गर्दन डाल दी है और वह
उसकी आँख खोलने के लिए उसे हिलाता है

दौड़कर दरवाजे के पास चुप खड़े लड़कों के पास जाता है
जो उसके हाथ में अब बेहरकत पड़े हुए कौए को
लेना नहीं चाहते
और उसकी पीठ पर मारकर
दूर नाली में फेंक आने को कहते हैं

गूँगा जाता है अपनी मुट्ठी में सोए हुए-से
छोटे कौए पर सर झुकाए हुए
शोर करते हुए कौए उसके ऊपर उड़ रहे हैं
लेकिन अब वह डर से परे है
नाली के पास पहुँचकर उसे फेंक देता है
घास-उगे पानी में एक हल्की छप की आवाज़ होती है

गूँगा खड़ा देखता है
मुँदी आँख बंद चोंच और गीले होते हुए डैनों को

पार्क की ज़मीन पर कुछ दूर कौए बैठ गए हैं

उसके लौटने के इन्तज़ार से जब लड़के परेशान हो जाते हैं
तो क्या कर रहा है यह देखने पार्क में आते हैं

उसे नाली के पासवाली टूटी पुलिया पर
छोटा कौआ हाथ में लिए रोता हुआ पाते हैं

शाप

पेड़ शाप देते हैं

बचे हुए पेड़ धीरे-धीरे अपने पैरों के पास
रेतीली ज़मीन या पहाड़ों की नंगी रीढ़ सरकते आते देखते हैं
और समझ जाते हैं

प्रतीक्षा करते हैं कि कटकर गिरने से पहले
अपने शरीरों से उठती अंतिम गंध को नहीं कोई तो
सूख जाने वाली उनकी पत्तियाँ ही सूँघें

बादल नदियाँ जानवर और चिड़ियाँ
सुनते हैं पेड़ों की आख़िरी साँसों को
और मिलकर शाप देते हैं

जानवर और चिड़ियाँ चले जाते हैं कहीं और
अन्त में घेर कर मार दिए जाने के लिए
लेकिन उससे पहले बादल और नदी से वचन लेते हैं बदला चुकाने का

बादल और नदियाँ सूरज हवा और धरती से मिलकर
अपना निर्मम और व्यापक बदला लेते हैं
बारी-बारी से कभी सुखाते हुए कभी डुबोते हुए

और तपते हुए मैदानों या डूबे हुए आसरों में
छोड़ जाते हैं सूखी या फूली हुई काली लाशें
ज़्यादातर असहाय बच्चों औरतों आदमियों और अपाहिजों की

भूख से सूखे और पानी से सूजे काले शरीरों के
खुले मुँह से जो शाप निकलता है
वह वही है जो पेड़ों ने दिया था

रुदन

कविता के लिए अब अवकाश नहीं है
मशीनों और भूख के जंगल में
कविता की चीख़ गूँजकर डूब जाती है
किन्तु इस्पाती वृक्षों पर बैठे
रुपहले गुबरैले बीनकर खाते हुए कांस्य बनमानुस
एक उपेक्षामय दृष्टि नीचे डालकर
पुनः व्यस्त हो जाते हैं

हम सारे कवि
वृक्षों में बहते हुए हरे जीवनरक्त की तलाश में
अँगुलियाँ लहूलुहान कर लेते हैं
किन्तु टीन के काँटोंवाली झाड़ी में बैठी यंत्रचिड़िया
यदि (उपहास में भी) कूकना चाहती है
तो कस्कुट के फूलों से उठती ग्रीज़ की बू
उसे स्तंभित करती है
और उसके ज़ंग लगे कंठ से
निकलती है केवल एक खरखराहट
रुकते हुए यंत्रचक्रों के रुदन की तरह.

एकान्त

डूबते संगीत के भयावह एकान्त में
कोई नहीं जाता मेरे साथ
आरक्त नीलेपन और काँपते हुए पत्तों के बीच से
नीड़ों के उस ओर
जिन्हें पुलकित पक्षी एक सहसा बारिश के पश्चात् भी
यथावत् पाते हैं

तब मेरा अंधकार प्राप्त करता है
पंखवाली हज़ारों आँखें
और सहस्त्रों स्पंदित चेतनाओं से
मैं उतरता हूँ
अपने थरति हुए अकेलेपन की गूँजती हुई सुरंग में
संगीत की ताज़ा पदचाप के
जलते हुए ऐन्द्रजालिक चिह्न पढ़ता हुआ.

स्मरण

स्तब्ध वृक्षों और नीले आकाश की
रोमांचकारी घाटी को
जब वह अनाम पक्षी
डूबते हुए सूर्य के बावजूद
अवाक् पार कर लेता है
तब तुम्हें लगता है
तुम्हारा यहाँ पश्चिमद्वार पर निस्पंद रह कर
पीली मृत्यु का स्मरण करना
अनाम पक्षी की पुनर्यात्राओं को अवास्तव नहीं कर पाएगा
आज, या ऋतुओं के बाद, या एक पीढ़ी बाद.

वर्षान्त

हरा समुद्र थम गया है और
मैदान कहीं नीचे है डूबे हुए
रेगिस्तान की तरह. आकाश का दर्पण
हँसकर बिखर गया है. तार पर बैठी
चिड़िया नीचे देखती है मातृ-दृष्टि से
और चोंच से बीनती है पंखों में
गुदगुदी करती हुई बूँदें.

अंधी घाटी

यहाँ न प्रकाश है न अंधकार न धूप है न छाँह न कोहराम है न सन्नाटा
अंधी घाटी का तो कोई छोर भी नहीं है
सयानों के बीच सूर्य के विषय में अनेक अफ़वाहें फैलती हैं
कुछ लोग कहते हैं कि आजकल वह नहीं उगता.

पैरों में चिपटी हुई जोंकों को खींच फेंकने की अब हिम्मत नहीं है
कभी हमने कोशिश की थी लेकिन सिर्फ़ उनकी दुम टूटकर रह गई थी
रक्तवाहिनी शिराओं में उनके दाँत ढूँढना बहुत मुश्किल है
और अब तो ख़ास तकलीफ़ भी नहीं होती

अंधी घाटी में इससे भी बड़े ख़तरे हैं
स्याह धुँधलके में मैंने नीले नाखून और बैंगनी मसूढ़े देखे हैं
और रेंगने की ध्वनि सुनी है
मेरे समीप से अभी कुछ सरका है
जिसकी बदबू-भरी साँस मेरे पेट के गढ़े तक पहुँची है
हमें अब उबकाई तक नहीं आती
अंधी घाटी में किसी भी बात के आदी होने में वक्त नहीं लगता

हमें सुनाई देती हैं भयावह फुसफुसाहटें विक्षिप्त अट्टहास
और हज़ारों आदिम सरीसृपों के कीचड़ पर खिसकते
पैरों की चिपचिपाहट.
छछूँदरों की तरह
एक-दूसरे के हाथों में हाथ दिए
(हाथ जो कोढ़ी हैं और हाथ जो अब सिर्फ़ डंठल रह गए हैं)
हम अंधी घाटी के तिलचट्टी फर्श पर घिसटते हैं
और जब थरति हुए पीछे देखते हैं
तो देखते हैं कि फिर एक साथी यकायक ग़ायब हो गया है
सिर्फ एक गूँजती हुई बर्फ़ीली चीख़ डूबती है

और भयावह फुसफुसाहटों विक्षिप्त अट्टहास
और खिसकते पैरों की चिपचिपाहट की ध्वनि
गहरी होती जाती है और कुछ देर बाद आती है
छीन-झपट की आवाज़, तिकोने दाँतों से तोड़ी जा रही
गोश्त और खून लगी हड्डियों के तड़खने की आवाज़
हमारे दिलों पर मौत की दस्तक और धैर्यहीन हो जाती है.

मुझे मालूम है अंधी घाटी का दस्तूर यही है कि रोया न जाए
लेकिन हम उस आख़िरी चीख़ को सुनते हैं
और जोंक लगे भारी शोणितहीन कदमों से भागने का यत्न करते हैं.
खून चूसती हुई जोंकें यदि हँस सकतीं तो इस मूर्खता पर अवश्य हँसतीं.
अंधी घाटी के अंतहीन अंधकार में कोई भागकर कहाँ जाए
सयानों ने कई रास्ते बताए थे
किंतु हर बार कुछ दूर जाने पर हमारी ठोकरों से कई कंकाल उखड़ आए
और हमें लौटना पड़ा.

पहले कभी सयाने सूर्य का ज़िक्र करते थे
और हमारी मोतियाबिंदी आँखों में कुछ चमक उठता था
हमारे हाथों में कोंपलें उगने लगती थीं
हम उसाँसें भरते थे और ऊपर यूँ देखते थे
कि यदि दृष्टि कगारों तक पहुँचे तो सूर्य को पीकर ही लौटे
जब वे सूर्य की बातें करते तो ऊपर अँगुलियाँ उठाई जातीं
टोलियाँ बनती और दबे स्वरों में मंत्रणा होती
किंतु सयानों का रुख बदला
और अब वे कहते हैं कि अंधी घाटी ही हमारा प्रारब्ध है
उजियाला नामक कोई वस्तु ही नहीं है और यदि है भी
तो वह हमारे लिए ख़तरनाक साबित हो सकती है
(वे शायद धीरे-धीरे अंधे होते जा रहे हैं)

उधर
अंधी घाटी की पहाड़ियों के शिखरों पर बैठे पहरेदार गिद्ध
हम पर प्रतीक्षामय ऊबी हुई दृष्टि डालते हैं
कन्दराओं में सुनता हूँ लाखों झिल्लीदार पंखों की फड़फड़ाहट
नुकीली चट्टानों के नीचे हरी आँखें चमकती हैं

तिलचट्टी फर्श पर कदम महसूस करते हैं व्यस्त दीमकों की दिनचर्या
मृत्युहासी नरमुंडों से गिरे हुए केशों के आसपास उगी काई में
देखता हूँ
रेंगते हुए बैंगनी और कत्थई चकत्ते
और अंधी घाटी की छत पर
पीली दृष्टि देखती है लाखों जाल
जिनपर हमारी साँसें धुआँ बनकर जम गई हैं
दैत्याकार मकड़ियों की पलकहीन पुतलियों में
हमारे दयनीय भयविक्षिप्त बौने अष्टावक्र प्रतिबिंब हमें तकते हैं.

यहाँ
नीचे
सयानों ने नई अर्चना प्रारम्भ कर दी है
वे दैत्याकार मकड़ियों को अर्घ्य देते हैं
(जालों में झूलते हुए वे मक्खियों के अवशेष नहीं हैं)
और पहरेदार गिद्धों की छाया को चूमते हैं
वे स्वयं पीछे रहकर स्वतः को समर्पित करते हैं
और अंधी घाटी के देवताओं को जयकारते हुए
'कगारों के पार कोई जीवन नहीं है'
कहकर मृत्यु को स्वीकारते हैं
और जो भृकुटियाँ तानते हैं, ऊपर इंगित करते हैं, टोलियाँ बनाते हैं
और दबे स्वरों में मंत्रणा करते हैं
उन्हें धिक्कारते हैं, उनके विषय में दारुण भविष्यवाणी करते हैं
अथवा शाप देते हैं
किन्तु टोलियाँ बड़ी होती जाती हैं
दबे स्वर विस्तृत ध्वनि बनते जाते हैं
और जब हम पीछे देखते हैं तो देखते हैं
फिर कोई साथी यकायक ग़ायब हो गया है
हम थर्राते हुए ठिठकते हैं
लेकिन वह चीख़ सुन नहीं पाते
न ही देवताओं की जयकार में उसका कंठ

शायद इसीलिए कुछ दिनों से धुँधली असूर्यम्पश्या आँखें देखती हैं
दैत्याकार मकड़ियों के जालों में हलचल.

पहरेदार गिद्ध रोमहीन व्यग्र गर्दनें झुकाकर नीचे कुछ खोजते हैं.
लगता है
कोई वह जो सयानों में ईमान ला न सका
भाग निकला है शिखरों की ओर
सूर्य की टोह लेने.

पुनरवतरण
(द सेकंड कमिंग)

हालाँकि इस धरती पर हमें तुम्हारी ज़रूरत है यीशु
हालाँकि हम तुम्हारा वचन याद करते हैं और तुम्हारी सख़्त ज़रूरत है
लेकिन मैं वह जगह सोच नहीं पाता जहाँ तुम अवतरित होओ
और सुरक्षित रह सको.

अमरीका में लोग तुम्हें बीटनिक समझेंगे
जबकि मारिजुआना, बीटल्स और गर्भ-निरोधकों के
तुम्हारे अज्ञान की वजह से बीटनिक तुम्हें अस्वीकार करेंगे.
और यदि तुम घोषित करोगे कि तुम भगवान के बेटे हो
तो दुनियादार इन्सान इसे एक और शिगूफ़ा समझकर कंधे झटक लेंगे.
मनचले रिपोर्टर हर संभव कोण से तुम्हारा चित्र लेंगे
और शायद हॉलीवुड से एकाध आकर्षक प्रस्ताव भी आ जाए !
तुम शायद अपनी अँगुलियों की छाप न दो, समवेदी या सहयात्री बनो
और वॉल स्ट्रीट के मंदिरों के पुजारियों को खदेड़ना चाहो.
अमरीका-विरोधी गतिविधियों में यूँ हिस्सा लेने का पुरस्कार
देशनिकाला तुम्हें शीघ्र ही मिल जाएगा.
मुझे नहीं मालूम तुम काले थे या गोरे थे या रंगीन थे
लेकिन मैं जानता हूँ कि तुम कहे बिना न रहोगे
कि काले और गोरे और रंगीन पड़ोसी हैं
कू-क्लक्स-क्लान तथा भगिनी संस्थाएँ ऐसे उपदेश बर्दाश्त न कर सकेंगी.
अमरीका स्वचालित राइफ़लों का देश है
और ऊँची इमारतों पर से निशाना आसानी से लगता है.

समाजवादी देशों में तुम्हारा स्वागत मुस्कराहटों से होगा
किंतु तुम्हारी बातचीत चुपचाप रिकॉर्ड की जाएगी
तथा वैज्ञानिक तरीकों से तुम्हारा पीछा किया जाएगा.
तुम्हारे भाषणों की पांडुलिपियाँ माँगी जाएँगी ताकि

सांस्कृतिक मंत्रालय उनकी अनुमति दे सके
और निस्संदेह उनमें से 'ईश्वर', 'आत्मा', 'मानव रोटी के लिए ही न जिएगा' सरीखे
निरुपयोगी बूर्जुआ शब्द और वाक्य हटाने होंगे.
लेकिन तुम तो वाणी का प्रचार करोगे और वे
तुम्हें पूछताछ के लिए रोक लेंगे, फिर तुम कुछ बरस तक
किसी कम्यून में स्वेच्छा से श्रम करोगे.
भारत के विषय में भी कुछ कह नहीं सकता
तुम तो जानते ही हो तुम्हारे हिंदू शिष्य का खून अभी सूखा नहीं है !

कोई जगह तुम्हारी नहीं है यीशु
क्योंकि तुम हर अन्याय के ख़िलाफ़ अपना गुस्सा ज़ाहिर करोगे.
हिरोशिमा और हंगरी, क्यूबा और तिब्बत
अल्जीरिया और अंगोला, कश्मीर और कांगो
पास्तरनाक और ट्रॉट्स्की, रोब्सन और रोज़ेनबर्ग !
तुम एक अत्यधिक अलोकप्रिय मसीहा सिद्ध होओगे !

फिर भी एक दिलासा है, एक संतोष है.
मानवीय पीड़ा कम करने की दिशा में
पोंटियस पाइलेट के ज़माने से अब तक हमने जो प्रगति की है
उसे महसूस कर तुम्हें आश्चर्य होगा.
इस बार या तो गोली होगी या बिजली की कुरसी
या ज़हरीली गैस का कमरा.

'माध्यम' (इलाहाबाद) के जनवरी 1966 अंक में प्रकाशित. 1961-1962 में लिखित.

नये खेल

दूर
खेल से बहिष्कृत बालक-सा
असीरगढ़
कनखियों से इस ओर देखता है.

इधर
नेपा मिल की चिमनियाँ
किसी दीवालिए, मुद्दतों से तरसे हुए
सिगरेट-प्रेमी सी
हिचकिचाती-सी, मज़े ले-लेकर,
धुआँ उगलती हैं.

समझौतावादी धुआँ
किसी दुनिया देखे बूढ़े-सा
यत्नपूर्वक चलकर
असीर की रुष्ट मीनारों तक पहुँच
उनके प्राचीन, बधिर कर्णविवरों में
नेपा का नूतन संदेसा फुसफुसाता है.

किन्तु
असीर और कुढ़ता है
तथा
खेल से बहिष्कृत बालक-सा
मुँह फुलाये
(खेलने की इच्छा रखे हुए भी)
'ऊँह' की मुद्रा बनाये
वक्र खड़ा रहता है.

यह परदा

हमारे सिरों पर फैला हुआ
नीला काला वर्क है यह, जिसे तुम आकाश कहते हो
नादान, यह तो दूसरे संसार से
विलग रखने हेतु हम पर एक परदा है
जो दिन और रात में
गिरगिट-सा रँग बदलता है.

वह संसार—जिसमें केवल
उजाला ही उजाला है
निरंतर सूर्य का संसार है वह
इतना प्रकाशित कि आँखें बंद होती हैं
औ' खुलती हैं आँखें
हाय, यह वातायन हमें उस दुनिया से
किए देता है निर्वासित

किंतु परदा सड़ गया है, गल गया है
अगणित वर्षों की दीमकों ने
कुतरा है, खा लिया है
इसे यहाँ से और वहाँ तक.
लाखों कर दिए हैं छिद्र इसमें
और जब देती बिदाई कालिमा नीलिमा को
तब इन क्षुद्र छिद्रों से छना आता
उस दुनिया का उजाला
टिमटिमाता, झिलमिलाता, स्वर्ग से अवतरित रश्म्योर्वशी-सा।
तो (मुझे हँसी आती है कि) तुम कहते हो
सितारे हँस रहे हैं !

यही तो किया करता हूँ, जागता रात्रि में

गिनता हूँ कि बढ़ चले हैं छिद्र कितने, कि
है विश्वास मुझको एक दिन
समय के दीमक पूरा चाट लेंगे इसे
अरअराकर फट पड़ेगा, पतित होगा यह
और होगा तब
उजियारा, केवल उजियारा, एवं निरंतर सूर्य.

वसुधा (जबलपुर), मार्च 1958 में प्रकाशित. 1957 में लिखित.

□□